奎文萃珍

三教源流搜神大全

葉德輝 校

文物出版社

圖書在版編目（CIP）數據

三教源流搜神大全 / 葉德輝校. -- 北京 : 文物出版社, 2022.6
（奎文萃珍 / 鄧占平主編）
ISBN 978-7-5010-7368-9

Ⅰ. ①三… Ⅱ. ①葉… Ⅲ. ①神 – 研究 – 中國 – 古代 Ⅳ. ①B933

中國版本圖書館CIP數據核字(2022)第010426號

奎文萃珍
三教源流搜神大全　葉德輝 校

主　　編：鄧占平
策　　劃：尚論聰　楊麗麗
責任編輯：李子裔
責任印製：王　芳

出版發行：文物出版社
社　　址：北京市東直門内北小街2號樓
郵　　編：100007
網　　址：http://www.wenwu.com
郵　　箱：web@wenwu.com
經　　銷：新華書店
印　　刷：藝堂印刷（天津）有限公司
開　　本：710mm × 1000mm　1/16
印　　張：22.5
版　　次：2022年6月第1版
印　　次：2022年6月第1次印刷
書　　號：ISBN 978-7-5010-7368-9
定　　價：130.00圓

序言

《三教源流搜神大全》七卷，不著撰人名氏。清宣統元年（一九〇九）葉氏郋園影刻明本。此書顧名思義，是一部關于儒、釋、道三教聖賢及衆神的故事圖像集。撰者不詳。書凡七卷，收神像插圖一百二十五幅，以道教仙真最夥。每幅圖像後録其姓名、爵里、謚號、神靈事迹等。該書是研究中國民間宗教諸神的重要參考資料。卷一首述儒氏源流、釋氏源流、道教源流，次收玉皇上帝、東華帝君、西靈王母、后土皇地祇、梓潼帝君、三元大帝、東岳、南岳等，有像十六幅。卷二收西岳、北岳、中岳、許真君、寶志禪師、盧六祖、普庵禪師等，有像十六幅。卷三收昭靈侯、義勇武安王、蠶女、趙元帥、鍾馗等，有像十八幅。卷四收神荼鬱壘、司命灶神、福神、紫姑神、南華莊生、觀音菩薩、天妃娘娘等，有像十九幅。卷五收黨元帥、槃瓠、太歲殷元帥、慧遠禪師、鳩摩羅什禪師等，有像十八幅。卷六收玄奘禪師、一行禪師、金剛智禪師、西域僧禪師等，有像十六幅。卷七收本净禪師、地藏王菩薩、青衣神、張天師、五雷神、電母神、風伯神、雨師神、門神二將軍、天王等，有像二十二幅。

刻本卷首、末有刻書者葉德輝撰序和後序，概述刊刻之經過及此書内容、源流。葉德輝

（一八六四—一九二七），字奂彬，號直山，别號郎園，湖南湘潭人。光緒十八年（一八九二）進士。著名學者、藏書家、刻書家。著有《書林清話》《六書古微》等，彙編校刻有《郎園叢書》《觀古堂彙刻書》《雙梅景闇叢書》等。葉德輝認爲《三教源流搜神大全》系『明人以元板畫像《搜神廣記》增益繙刻』。（後序）據賈二强等人的研究，葉氏所言『元板』即《新編連相搜神廣記》前後集，題『淮海秦子晋編』。計文字五十七條，插圖三十九幅。民國間鄭振鐸曾購得一本，稱『此元刊本《搜神廣記》，爲後來嘉靖、萬曆諸刊本之祖。……不僅是中國神話之最古的結集，亦元代版畫之巨作也』。比勘兩書，《搜神大全》不僅前五十七條的神名、内容、編次與《搜神廣記》完全相同，即書中的『聖朝至元六年』『聖朝大德四年』之類元人語氣亦一仍《搜神廣記》之舊。故《搜神大全》當出自《搜神廣記》無疑。葉德輝序稱其于光緒間曾見元板畫像《搜神廣記》，因議價未諧，爲他人購去。後與繆荃孫論及是書，繆氏言所藏明刻繪圖本《三教源流搜神大全》，即元板畫像《搜神廣記》之异名。後葉氏相借影寫刊行。葉氏刻本影摹原本極真，其序言稱『于字之顯然訛繆者，悉依文義校改；圖像則一再細勘，無累黍之失』。其在致繆荃孫信中亦頗得意，言『刻已將竣，愈刻愈精，頗覺有興』。（《藝風堂友朋書札》『葉德輝』札）

繆荃孫藏本《藝風藏書記》著録爲『□竹藏板《三教源流搜神大全》七卷，元刊本有畫像』。今存上海圖書館，著録爲明正德刻本。原本紙張泛黄，并有漫漶；不若葉氏影本之紙白墨濃，展卷若新。故據葉氏刻本影印以饗讀者。

編者

二〇二二年三月

三教源流搜神大全

徐崇立署

己酉春仲
郎園校刊

重刊繪圖三教源流搜神大全序

曩閱毛晉汲古閣宋元祕本書目子部類載有元板畫像搜神廣記前後集二本云凡三教聖賢及世奉衆神皆有畫像各考其姓名字號爵里及封贈謚號甚詳亦奇書也但毛書售之潘稼堂太史後展轉散佚近三百年其書有無傳本不可得而知也己丑過夏都門忽從廠肆見之圖極精神字體塙為元時舊刻以議值未就越日遂不可踪跡悵恨久之然當時雖匆匆一閱其全書體式固至今在胸肊也乙巳與秀水金闇伯太守蓉鏡訂交長沙文酒過從縱談古今可喜可愕不傳之書以此屈一指太守為余言昔官京曹時亦曾見之于廠肆後知為上海姚子梁觀察文棟購去子梁之弟名文枬與余同鄉舉丙申余與子梁同居京師宣武城南北半截胡同比隣相近子梁尚無此書迄今十餘年久不通音問雖欲取證徒付夢想已耳丁未七月作客武昌時江陰繆太夫子小珊先生共事存古講席因論異書祕籍湮沒無傳者閒及是書先生言藏有明刻繪圖本三教源流搜神大全七卷即元板畫像搜神廣記之異名書中圖像與元本

無甚差異因約他日相借影寫刊行別後余歸長沙先生返金陵冬間郵寄來湘亟取展讀如逢故人如還失物憶往時所見元本誠如先生所云惟明刻增入洪武以下封號及附刻神廟楹聯知為坊估所襍竄然于聖宋皇元字檯寫多仍其舊蓋雖明人重刻猶可推見元本真面也余因督工寫刊於字之顯然訛繆者悉依文義校改圖像則一再細勘無累黍之失是書之復顯於世真大幸矣至諸神履貫事蹟大都雜取小說及二氏之書其文不見於史乘亦不可據為典要特六七百年民間風俗相沿之故古昔聖王神道設教牖民為善之心是固考古者所當知也後有採風之君子其將以斯載之輶軒也夫宣統元年春王正月人日葉德輝序

儒氏源流

至聖文宣王魯曲阜昌平鄉闕里其先宋人也大聖曾大父曰孔防叔避宋華督之難徙居于魯生伯夏伯夏生叔梁紇長子曰孟皮字伯尼有疾不任繼嗣次子則先聖是也魯襄公二十一年冬十一月庚子日乃先聖誕生之日有二龍繞室五老降庭五老者五星之精也母顔氏之房聞奏鈞天之樂空中有聲云感生聖子故降以和樂笙鏞之音故先聖之生大非凡同而質甚異而首秀圩頂故因名丘字仲尼史記孔子生而叔梁紇沒乃塟於防山孔子為兒之時嬉戲常以師陳俎豆設禮先聖身長九尺腰濶十圍凡四十九表胸有文曰制作定世之符反首洼面月角日準坐如龍蹲立如鳳峙望之如仆就之如昇耳垂珠庭龜脊龍形虎掌胼脇參膺河目海口山臍林背翼臂斗脣注頭龍鼻阜脥堤眉地足谷竅雷聲澤腹昌顔均頤輔喉駢齒眉有一十二彩目有六十四理其頭似堯其顙似舜其項類皐陶其肩類子產自腰以下不及禹三寸有大聖之德學極天

人道窮秘奧龜龍銜負之書七政五緯之事抱犧黃帝之能堯舜周公之美魯定公以先聖為中都宰一年四方諸侯皆則焉九年始為邑宰十年為司空十一年為司徒攝行相事十四年誅魯大夫亂政者少正卯與聞國政三月粥豚羔者弗飾賈男女行者別於道塗不拾遺四方之客至乎邑者不求有司皆予之以歸而大聖雖道高德廣生而知之亦學琴于師襄學禮于老聃時去魯四十年魯哀公十一年先聖自衛反魯刪詩書定禮樂成六藝晚而喜易讀之韋編三絕為之彖象文言繫辭以發其秘告弟子於洙泗北門々徒三千傳徒六萬賢有七十二人昔者先聖未生時有麟吐玉書於闕里其文名曰水精子繼周衰而素王顏氏異之以繡綾繫麟角信宿而麟去至哀公十四年西狩太野叔孫氏車子鋤商獲獸以為不祥先聖視之曰麟也胡為來哉反袂拭面泣涕沾衿叔孫聞之然后取之而繫角之綾尚存先聖曰吾道窮矣乃因魯史而作春秋文加褒貶而修中興之告麟見而天告先聖之亡徵也先聖病夢坐兩楹之間子貢請見曰子方負杖逍遙於門曰賜汝何來晚也先聖因嘆曰太山頹乎梁

木壞乎哲人萎乎因以涕下子貢曰天下無道久矣莫能宗予后七日不起
年七十三以魯哀公十六年夏四月己丑塟於魯城北哀公十七年立廟
於舊宅守陵廟百戶弟子皆服心喪三年畢相訣而去則哭各盡哀或復
留唯子貢廬於塚者六年然后去弟子於廟藏先聖衣冠琴瑟車書弟子
及魯人往從塚而家百有餘室因命曰孔里魯世〻相傳歲時奉祠於塚
子孫世襲不絕後

高皇過魯以太牢祀孔子有詩贊曰

穆〻廟庭　聖德斯尊　肅〻衣冠　聖澤斯存
漢祖崇儒　躬拜闕里　太牢之祀　百代伊始

聖朝崇奉追封尊號

大成至聖文宣王　聖室鄆國夫人

聖父封齊國公　聖母封魯國太夫人

釋氏源流

釋迦牟尼佛姓刹利父淨飯天母清淨妙位登補處生兜率天上名曰勝善天人亦名護明大士度諸天衆說補處行亦於十方界中現身說法普耀經云佛初生刹利王家放大智光明照十方世界地湧金蓮華自然捧雙足東西及南北各行於七步分手指天地作獅子吼聲上下及四維無能尊我者即周昭王二十四年甲寅歲四月八日也至四十二年二月八日年十九欲求出家而自念言當復何遇即於四門遊觀見四等事心有悲喜而作思惟此老病死終可厭離於是夜子時有一天人名曰淨居於牕牖中叉手白太子言出家時至可去矣太子聞已心生歡喜即逾城而去於檀特山中脩道始於阿藍迦藍處三年學不用處定知非便捨復至鬱頭藍佛處三年學非非想定知非亦捨又至象頭山同諸外道日食麻麥經於十六年故經云以無心意無受行而悉摧伏諸外道先歷試邪法示諸方便發諸異見令至菩提故普集經云菩薩於二月八日明星出時

成佛號天人師時年三十矣即穆王三年癸未歲也旣而於鹿野苑中為憍陳如等五人轉四諦法輪而論道果說法住世四十九年後告弟子摩訶迦葉吾以清淨法服涅槃妙心實相無相微妙正法將付於汝汝當護持幷勅阿難副貳傳化無令斷絕而說偈言

法本法無法　無法法亦法
今付無法時　法法何曾法

爾時世尊說此偈已復告摩訶迦葉吾將金縷贈伽黎衣傳付於汝轉授補處至慈世佛出世勿令朽壞摩訶迦葉聞偈頭面礼足曰善哉善哉我當依勅恭順佛故爾時世尊至拘尸那城告諸大衆吾今背痛欲入涅槃即往熙連河側娑羅双樹下右脇累足泊然圓寂復從棺起為毋說法持示双足化婆耆幷說無常偈曰

諸行無常　是生滅法
生滅滅已　寂滅為樂

時諸弟子即以香薪競荼毗之燼後金棺如故爾時大衆即於佛前以偈

讚曰

凡俗諸猛熾　何能致火爇

請尊三昧火　闍羅金色身

爾時金棺從坐而舉高七婆羅樹往反空中化火三昧須臾灰生得舍利八斛四斗即穆王五十二年壬辰歲二月十五日也自世尊滅後一千一十七年教至中夏即後漢明帝夜夢金人身長大項有日月光以問群臣或曰西方有神其名曰佛陛下所夢得無是乎於是遣使往天竺問其道得其書及沙門以来沙門云佛長一丈六尺黄金色項中佩日月光变化無窮無所不故能通萬物而大濟群生云

道教源流

金闕玄元太上老君聖紀按洞玄靈寶元始上帝真教元符經道君告皇帝曰昔天地未分陰陽未判濛洪杳冥溟涬大梵寥廓無光結空自然中有百千萬重正氣而化生妙無聖君歷尊號曰妙無上帝自然元始天尊一號天寶丈人經九億九萬九千九百九十億萬劫次結百千萬重正氣而化生妙有聖君自称妙有大帝虛皇玉晨大道君一號靈寶丈人經八億八千八百八十億劫次結百千萬重道氣化生混沌聖君紀號至真大帝萬变混沌玄元老君一號神寶丈人老君雖累世化身而未誕生之也迨商第十八王陽甲時分神化氣寄胎於玄妙玉女八十一年暨第二十二王武丁庚辰歲二月十五日卯時誕於楚之苦縣瀨鄉曲仁里姓李名耳字伯陽謚曰聃著道德二經旨又按老君聖紀經太上老君居太清境乃元氣之祖宗天地之根本扵至寂至虛之內太初太始之先惟数御運布氣融精開化天地所歷成壞一似不可量計其化身周遍塵沙世界亦

非筭数紀極開闢之後覩世代之澆漓隨時立教代為帝師建立法度或流九天或傳四海自三王而下歷代帝王咸宗奉焉是知天上天下道氣之内皆老君之化也垂億萬之法無不濟度盖百姓日用而不知也老子曰吾乃生乎無形之先起於太初之前行乎大素之元立於太渺之端浮游幽虛之中出入杳冥之門故著玄亭道德経云老子體自然而然生乎太無之先起乎無因之初經歷天地始終不可稱載又云世人謂老子降於殷代老子之號始於無數刼甚杳杳冥冥渺邈久遠矣開闢已前復下為帝師代代不絶人莫能知之按老子傳記自開闢之前下至殷湯代代為王者師皆化身降世當殷湯甲午十七年庚申始示誕生之跡自太清當道境乗太陽日精化五色玄黄大如弾丸時玉女晝寢流入口中呑之有孕懐八十一歳至武丁九年庚辰剖玉女左腋而生生而白首號曰老子生於李樹之下指樹曰此吾姓也自殷武丁九年庚辰下至秦昭王九年西昇崑崙計九百九十六年矣

按李石續博物志云唐高祖武德三年晉州人吉善行於羊角山見白衣

父老呼善行曰為吾語唐天子吾為老君即汝祖也高祖因立廟高宗追尊玄元皇帝明皇註道德真經令李者習之兩京及諸州各置玄元皇帝廟京師號玄元宮諸州號紫極宮尋改西京為太清宮東京為太微宮皆置李生尊號曰大聖祖高上大道金闕玄元天皇大帝

宋國朝會要曰宋真宗大中祥符六年八月十一日制謹奉上尊號曰太上老君混元上德皇帝

宋仁宗御讚

大哉至道　無為自然　刼終刼始　先地先天
今光點點　永刼綿綿　東訓尼父　西化金僊
百王取則　累聖攸傳　衆教之祖　玄之又玄

玉皇上帝

按聖紀所載云㞷昔上世有國名號光嚴妙樂其國王者名曰淨德時王有后名寶月光王乃無嗣嘗因一日作是思惟我今將老而無太子身或崩滅社稷九廟委付何人作是念已即便勅下詔諸道衆於諸宮殿依諸科教懸諸旛蓋清淨嚴潔廣陳供養六時行道徧禱真聖已經半載不退初心忽夜寶月光皇后夢太上道君與諸至真金姿玉質清淨之傳駕五色龍輿擁大景旌蔭明霞蓋是時太上道君安坐龍輿抱一嬰兒遍身毛孔放百億光照諸宮殿作百寶色幢節前道浮空而來是時皇后心生歡喜恭敬接礼長跪道前曰道君言今王無嗣願乞此子為社稷主伏願慈悲哀愍聽許爾時道君答皇后曰願特賜汝是時皇后礼謝道君而乃收之皇后收已便從夢歸覺而有孕怌一年于丙午歲正月九日午時誕于王宮當生之時身寶光秋充滿王國色相妙好觀者無厭幼而敏慧而慈善于其國中所有庫藏一切財寶盡皆散施窮極困苦鰥寡孤独無所依

告飢饉癃殘一切衆生仁愛和遜歌謡有道化及遐方天下仰從歸仁太子父王加慶賞爾之後王忽告崩太子治政俯念浮生告勅大臣嗣位有道遂捨其國於普明秀岩山中脩道功成超度過是劫巳歷八百劫身常捨其國爲群生故割爱弃道於此後経八百劫行藥治病亟救衆生令其安樂此劫盡巳又歷八百劫廣行方便啓諸道藏演説灵章恢宣正化敷揚神功助國救人自幽及顯過此巳後再歷八百劫亡身殞命行忍辱故捨巳血肉如是脩行三千二百劫始證金僊號曰清淨自然覺王如來

宋真宗實録曰大中祥符七年九月上對侍臣曰自元符之降朕欲與天下臣庶同上玉皇聖號至天僖元年正月辛丑朔帝詣太初殿恭上玉皇大天帝聖號曰

太上開天執符御曆含真体道昊天至尊玉皇大天帝

格聯

符握昊天鑿覆載咸沾化育

帝臨玉闕統神人悉在鈞陶

三教搜神大全
一卷
八

聖祖尊號

御製靈遇記曰景德初王中正遇司命真君傳藥金法上之四年十一月
降劉承規之真舍五年始奉上徽號曰
九天司命天尊宋真宗實録曰大中祥符五年十月十七日上夢景德四
年先降神人傳玉皇命云令汝祖趙有名此月二十四日降如唐真元事
至日天尊降延恩殿閏十月己巳加號
聖祖上靈高道九天司命保生天尊

聖母尊號

唐武后光宅二年九月甲寅追尊
聖母曰先天太后　祖殿在亳州太清宮是也
國朝會要曰天僖元年三月六日冊上聖祖母尊號曰
元天大聖后
先是大中祥符五年制加上聖祖母號俟兖州太極觀成擇日奉上至是
詔王旦等行冊禮

東華帝君

東華帝君純習在道氣凝寂湛体無為將欲啓廸玄功生化萬物先以東華至真之氣化而生木公於碧海之上蒼靈之墟以主陽和之氣理於東方亦號王公焉與金毋皆挺質太元毓神玄奥於東方溟漠之中分大道醇精之氣而成形與王毋共理二氣而育養天地陶鈞萬物凡天上天下三界十方男子之登仙得道者悉所掌焉居諸方之上按壓外記方諸山在東海之内其諸司命三十五所以録天上人間罪福帝君為大司命總統之山有東華臺帝君常以丁卯日登臺四望學道之者凡仙有九品一曰九天真皇二曰三天真皇三曰太上真人四曰飛天真人五曰靈仙六曰真人七曰靈人八曰飛仙九曰仙人凡此品次昇天之時先拜木公后謁金毋受事既訖方得昇九天入三清拜太上而觀元始故漢初有四五小兒戲於路中一兒詩曰着青裙入天門揖金毋拜木公時人皆莫知之唯子房往拜焉曰此東王公之玉童也昔元始告十方天人曰吾自造言

混沌化生二儀役御陰陽始封皇上元君自東華扶桑大帝等校量水火定平刧数中皇元年太上於玉清瓊房金闕上宫授帝寶經花圖玉訣使傳後學玉名合真之人故玄綱云東華不秘於真訣是也紫府者帝君校功行之所夫海内有三島而十州列其中上島三洲謂蓬莱方丈瀛州也中島三洲謂美蓉閬苑瑶池也下島三洲謂赤城玄關桃源也三島九洲鼎峙洪濛之中又有洲曰紫府踞三島之間乃帝君之別理統轉靈官職位較量群仙功行自地仙而至神仙神仙而至天仙天仙而轉真聖入虚無洞天凡三遷也皆帝君主之釋之名也東華者以帝君東華至真之氣化而生也分治東極居東華之上也紫府者職居紫府統三十五司命遷轉洞靈官較品真仙也陽者主東方少陽九氣生化萬彙也帝君者位東方諸天之尊君牧衆聖爲生物之主易曰帝出乎震是也故曰東華紫府少陽帝君又真敎元符經云昔二儀未分溟涬濛洪如鷄子玄黄之中生自然有盤古真人移古就今是曰盤古乃是天地之精自號元始天王游行虚空之中又有太元聖母化生天脊膔中經百刧天王行施聖母遂生天

皇號上皇元年始世三萬六千歲受元始上帝符命為東宮大帝扶桑大
君東皇公號曰元陽又考之仙經或號東王公或號青童君或號東方諸
或號青提帝君名號雖殊即一東華也
君聖朝至元六年正月日上尊號曰
東華紫府少陽帝君

西靈王母

西王母者乃九靈大妙龜山金母也號太虛九光龜臺金母曰吾乃西華之至妙洞陰之極尊在昔道氣凝寂湛体無為將欲啓廸玄功化生萬物先以東華至真之氣化而生木公焉木公生於碧海之上蒼靈之墟以主陽和之氣理於東方亦號曰東王公焉又以西華至妙之氣化而生金母焉金母生神於伊川厥姓緱氏生而飛翔以主元毓玄奧於眇莽之中分大道醇精之氣結而成形與東王公共理二氣而養育天地陶鈞萬物矣柔順之本為極陰之元位配西方母養群生盖主天下三界十方女子之登仙得道咸所隸焉所居崑崙之圃扶風之苑其山之下弱水九重洪涛萬丈飛飈車羽輪不可到也周穆王三十五年命八駿使西巡狩至崑崙賓謁祠見之待白璧重錦以為主壽事時王母以瑤池酹饗紫府瓊漿九天仙樂與穆王燕於瑤池穆王國政不治宗廟荒廢歸至人間國已危矣

王母云声色不止神不清思慮不止心不寧心不寧兮神不灵神不灵兮道不成

后土皇地祇

天地未分混而為一二儀初判陰陽定位故清氣騰而為陽天濁氣降而為陰地為陽天者五太相傳五天定位上施日月參差玄象為陰地者五黄相乘五氣凝結負載江海山林屋宇故曰天陽地陰天公地母也世畧所謂土者乃天地初判黄土也故謂土母焉廟在汾陰宋真宗朝大中祥符五年七月二十三日詔封后土皇地祇其年駕幸華陰親祀之今揚州玄妙觀后土祠也殿前瓊花一株香色柯葉絶異非世之常品也

真宗皇帝封曰

承天効法厚德光大后土皇地祇

玄天上帝

按混洞赤文所載文帝乃元始化身太極別体上三皇時下降為太始真人中三皇時下降為太元真人下三皇時下降為太乙真人至黄帝時下降為玄天上帝開皇初劫下世紫雲元年歲建甲午三月初三甲寅庚午時符太陽之精托胎化生淨樂國王善勝夫人之腹孕秀一十四月則太上八十二化也淨樂国者乃奎婁之下海外国上應龍變梵度天玄帝產毋左脇當生之時瑞雲覆国異香芬然地土变金玉瑞應之祥茲不備載生而神靈舉措隱顯年及十歲經典一覽悉皆默会仰觀俯察靡所不通潛心念道志氣太虛願輔上帝普福兆民父王不能抑志年十五辭父母欲尋幽谷内煉元真遂感玉清聖祖紫虛元君傳授無極上道元君告玄帝曰子可越海東遊歷於翼軫之下有山自乾兌起跡盤旋五萬里水出震宮自有太極便生是山應顯定極風天太安皇崖二天子可入是山擇衆峯之中冲高紫霄者居之當契太和昇舉之後五百歲當龍漢二劫中披髮跣

足攝離坎眞精歸根復位上爲三境輔臣下作十方大聖方得顯名億刼
與天地日月齊并是其果滿也告畢元君昇雲而去玄帝乃如師語越海
東遊歩至翼軫之下果見師告之山山水藏浸皆應師言乃入觀覽果有
七十二峯之中有一峯聳翠上凌紫霄下有一嵓當陽虛寂於是玄帝採
師之誡目山曰太和山峯曰紫雲峯嵓曰紫霄嵓遂即居焉潛虛玄一默
會萬眞四十二年大得上道於黃帝紫雲五十七年歲次甲子九月初九
日丙寅清晨忽有祥雲天花自空而下迷漫山谷繞山四方各三百里林
巒震響自作歩虛仙樂之音是時玄帝身長九尺面如滿月龍眉鳳目紺
髮美髯顏如氷清頂帶玉冠身披松羅之服跣足拱手立于紫霄峯上須
史雲散有五眞羣仙降于玄帝之前道從甚盛非凡見聞玄帝稽首祗奉
奉迎拜五眞曰予奉玉清玉帝詔以子功滿道備昇擧今聞子之聖父聖
毋已在紫霄矣玄帝俯伏恭諾五眞乃宣詔畢可特拜太玄元帥領元和
遷校府公事賜九德偃月金晨玉冠瑙華玉簪碧理寶圭素鞘飛雲金霞
之帔紫鞘龍衮丹裳羽屬絳絲之裙七寶銖衣 九光朱履飛紅雲舄佩太

玄元帥玉冊乾元寶印南北二斗三台龍劍飛雲玉輅丹轝綠輦羽蓋瓊輪九色之節十絶靈旛前嘯九鳳後吹八鸞天下玉女億乘萬騎上赴九清詔至奉行玄帝再拜受詔易服訖飛昇金闕按元洞玉曆記云至五帝世來當上天龍漢二劫下世洪水方息人民始耕殷紂主淫心失道矯侮上天生靈方足衣食心叛正道日造罪孽悪毒自横遂感六天魔王引諸神鬼傷害衆生毒氣盤結上衝太空是時元始天尊說法於玉清圣境天門震開下見悪氣彌塞天充於是妙行真人叩誠求請頓救群黎元始乃命至皇上帝降詔紫微陽則以周武伐紂平治社稷陰則以玄帝收魔間分人鬼當斯時也上賜玄帝披髮跣足金甲玄袍皂纛玄旗統領丁甲下降凡世與六天魔王戰於洞陰之野是時魔王以坎離二炁化蒼龜巨蛇變現方成玄帝神力攝於足下鎖鬼衆於酆都大洞人民治安宇宙清肅玄帝凱還清都面朝金闕元始教命以玄帝功齊五十萬劫德竝三十三天九霄上賴於真威十亟仰依於神化有大利施於下民積圣德遍之于玉曆按遵簡籙當亜帝真不有徽崇何以昭德特賜尊號拜玉虛師相玄

天上帝領九天採訪使圣父曰淨樂天君明真大帝圣母曰善勝太后瓊真上仙下蔭天関曰太玄火精含陰将軍赤靈尊神地軸曰太玄水精育陽将軍黒靈尊神並居天一真慶之

格聯

紫極騰輝瑞映八方世界
玄天著德恩覃十部閻羅

又

殿向橋東開潢漾水声登貝帝
地浸坊左聳鬱蒼山色映蒲團

三教搜神大全

梓潼帝君

按清河内傳余本吳會間人生於周初后七十三代今改為化字帝君曰吾一十七世為士大夫身未常虐民酷吏週人之急濟人之乏容人之過憫人之孤性烈而行察同秋霜青天于白日之不可犯后西晉末降生於越之西巂之南両郡之間是時丁未年二月初三日誕生祥光罩户黄雲迷野居處地府近海里人請清河叟曰君今六十而獲貴嗣童稚时不喜嬉戲每慕山澤徃徃語言若有隱显晝誦群書夜避衆子自笑自樂身体光射居民祈禱則余嗤訕長嘯曰土木而能衣人之衣食人之食享之而有應謗之而有禍我為人而爲無靈乎自后夜夢或為龍或為王者天符或為水府漕自恠而不甚信為吉兆三農憋旱嘉禾無甦舞雩祝神恬然無驗余思曰寐中夢治水府今夕当驗夜徃水際以夢中官凾牒河伯而驚竟乜恐忸怩不能忽爾之間陰雲四合風飛雷震一吏稽首余前曰運判徙居余曰非我也我乃張户老之子名亞緣水府得達故字霈夫吏曰奉命促子余

曰家人如何吏曰先到治所余惶懼未決吏揖上一白驢而去俛首里閈
風雨聲中頃失鄉地到一山連劍嶺而撐叅宮星也若鳳凰之偃下有古
湫引余入一巨穴門有一石笋吏曰民之禱雨祝此石而有應名曰雷柱
吾方褰衣入穴吏又曰君記周室爲人七十三化陰德傳家而迄今否余
方大悟若夢覺也吏曰君在天譜得神之品於人世界有知之者晋不日
有中興之兆君可尋方而顯化余曰謝天使嚮報也入穴則若墮千仞之
壑近地而足不沾若騰身虛空有王者之宮中有禁衛余入遂見家人悉
都其間改曰作儒士往咸陽講姚萇之故事清河内傳焚香者切記廟在
劍州梓潼縣唐玄宗幸蜀神迎於萬里橋追封
左丞相僖宗播迁亦有陰助之功加封順濟王
宋太祖初得蜀也以仁取之以仁守之亦爾神陰騭昰相有以輔吾仁也
靈應廟神加封聖號
忠文仁武孝德聖烈王　聖后協應德惠妃
聖父顯慶慈祐仁裕王　聖母昭德積慶慈淑妃

聖子嗣德王　聖婦善助顯懿夫人
聖子昌德王　聖婦順助惠懿夫人
聖孫紹應昭靈侯　聖孫婦淑應夫人
聖孫承應宣靈侯　聖孫婦惠應夫人
佐神英惠忠烈翼濟福安王即報喜太尉也
左右桂禄二籍仙官
聖朝延祐三年七月七日加封聖號
輔元開化文昌司禄宏仁帝君
帝君殿在九曲之處盖九曲水来朝九折而去經行山腹路成七曲其殿有降筆亭亭中以金索懸一五色飛鸞鸞口啣筆用金花戕數百畨常畨筆下筆墨皆具亭門本府差官封鎖甚嚴以防欺偽之弊降筆訖其亭内有銅鐘自鳴廟吏聞於本府本府差官啓鑰取書以覩報應其降筆多勸人以忠孝為本詐逆犧僭偽蜀王之日具犧牲設俎豆潔粢盛親詣 帝君廟設祭甫歆行礼黑風驟起滅燭撤香逆犧震懼俯伏殿下須臾開明

視祝板已碎作兩片矣　帝君奉
玉帝旨佐南斗注生由是求嗣者多禱焉

上天聖號

金闕昊天檢校洞照通真先生九天開化主宰靈應大天帝上僊無皇君
統僊班證佛果聖號

混天內輔三清內宰大都督府都統三界陰兵便行宜事管天地水三界獄事收五嶽四瀆真形虎符龍券總諸天星耀判桂禄二籍上僊元皇真人司禄職貢舉真君湏編脩飛僊列籍掌混天造化輪廻救苦天尊九天定元保生扶教開化生宰長樂永祐靈應大帝定慧證果伽釋梵鎮如來佛

饒一着添子孫之福壽　退一歩免隙駒之易過
忍一言免駟馬之難追　息一怒養身心之精神

神霄小吏吞雷讚曰

妙哉斯編　誠哉是言　遵守行之　福祐自天

三元大帝

三元大帝乃是元受真仙之骨受化更生再甦為人父姓陳名子檮又曰陳即為人聰俊美貌於是龍王三女自結為室三女生於三子俱是神通廣大法力无邊天尊見有神通廣法顯現无窮即封為

上元一品九氣天官紫微大帝即誕生之符始陽之氣結成至真處玄都元陽七寶紫微上宮總主上宮諸天帝王上聖高真三羅萬象星君

中元二品七氣地官清虛大帝九土无極世界洞空清虛之宮總主五岳帝君并二十四治山九地土皇四維八極神君

下元三品五氣水官洞陰大帝洞元風澤之炁晨浩之精金靈長樂之宮總主九江水帝四瀆神君十二溪真三河四海神君每至三元日三官考籍大千世界之內十方国土之中上至諸天神仙升臨之籍星宿照臨国土分野之簿中至人品考限之期下至魚龍变化飛走万類蠢動生化之期並侯三官集聖之日録奏分别隨業改形隨福受報隨刼轉輪隨業生

死善惡隨緣無復差別宜悉知之
上元一品天官賜福紫微帝君正月十五日誕生
中元二品地官赦罪青靈帝君七月十五日誕生
下元三品水官解厄暘谷帝君十月十五日誕生

東嶽

泰山者乃群山之祖五嶽之宗天帝之孫神靈之府也在兖州奉符縣今泰安州是也以梁父山爲儲副東方朔神異經曰昔盤古氏五世之苗裔曰赫天氏赫天氏曰胥勃氏胥勃氏曰玄英氏玄英氏子曰金輪王金輪王弟曰少海氏少海氏妻曰彌輪仙女也彌輪仙女夜夢吞二日覺而有娠生二子長曰金蟬氏次曰金虹氏金虹氏者即東岳帝君也金蟬氏即東華帝君也金虹氏有功在長白山中至伏羲氏封爲太歲爲大華真人掌天仙六籍遂以歲爲姓諱崇其太歲者乃五代之前元上天尊所都之地今之奉高是也其后乃水一天尊之女也至神農朝賜天符都官號名府君至漢明帝封泰山元帥掌人世居民貴賤高下之分禄科長短之事十八地獄六案簿籍七十五司生死之期聖帝自堯舜禹湯周秦漢魏之世只有天都府君之位按唐會要曰武后垂拱二年七月初一日封東岳爲神岳天中王武后萬歲通天元年四月初一日尊爲天齊君玄宗開元

十三年加封天齐王宋真宗大中祥符元年十月十五日詔封東嶽天齊

仁聖王

至祥符四年五月日尊爲帝號

東嶽天齊仁聖帝

淑明皇后

聖朝加封大生二字餘封如故

帝五子

宣靈侯

惠靈侯　和惠夫人

至聖炳靈王　永泰夫人

居仁盡釜尊師

佑靈侯　淑惠夫人

帝一女

玉女大仙即岱岳太平頂玉仙娘娘是也

至聖炳靈王

炳靈者聖帝第三子也唐太宗加威雄將軍至宋太宗封上呉炳靈公大中祥符元年二月二十五日封至聖炳靈王

三教搜神大全
卷

佑聖眞君

佑聖眞君者眞君姓茅諱盈本長安咸陽人也自幼出家叅訪名山洞府遇王君賜長生之術得道稱爲天仙至漢明帝朝儀朔三年天書忽降皆玉篆龍文云大帝保命眞君與聖帝同僉生死共管陰府之事宋太宗封佑聖眞君至眞宗加封九天司命上部賜福佑聖眞君

南嶽

南嶽衡山衡州衡山縣是也以霍山爲儲副東方朔神異經云神姓崇諱嵩南嶽主於世界星辰分野之地兼鱗甲水族龍魚之事大中祥符四年五月二十五日追尊帝號

司天昭聖帝　　景明皇后

聖朝加封大化二字餘封如故

西嶽

西嶽華山在華州華陰縣是也以太白山為儲副東方朔神異經云神姓善諱壟西岳者主管世界金銀銅鐵五金之屬鎔鑄坑冶兼羽毛飛鳥之事大中祥符四年五月五日追尊帝號

金天順聖帝　肅明皇后

聖朝加封太利二字餘封如故

北嶽

北嶽恒山在定州曲陽縣是也以崆峒山爲儲副東方朔神異経云神姓晨諱咢北嶽者主於世界江河淮濟兼虎豹走獸之類蛇虺昆虫等屬大中祥符四年五月五日追尊帝號

安天玄聖帝　靜明皇后

聖朝加封大眞二字餘封如故

中嶽

中嶽嵩山在西京河南府登封縣是也以少室山爲儲副東方朔神異經云神姓惲諱善中嶽者主於世界地澤川谷溝渠山林樹木之屬大中祥符四年五月五日追尊帝號

中天崇聖帝　正明皇后

聖朝加封大寧二字餘封如故

三教搜神大全

四瀆

江

江瀆楚屈原大夫也唐始封二字公宋加四字公
聖朝加封四字王號
廣源順濟王

河

河瀆漢陳平也唐始封二字公宋加四字公
聖朝加封四字王號
靈源弘濟王

淮

淮瀆唐裴說也唐始封二字公宋加四字公
聖朝加封四字王號
長源廣濟王

濟

濟瀆楚伍大夫也唐始封二字公宋加四字公
聖朝加封四字王號
清源漢濟王

泗州大聖

泗州僧伽大師者世謂觀音大士應化也推本則過去阿僧祇弥伽沙劫值觀世音如来從三惠門而入道以音聲為佛事作以此有緣之衆乃謂太師自西國来唐高宗時至長安洛陽行化歷吳楚間手執楊枝混于緇流或問師何姓即荅曰我姓何又問師是何國人師曰我何國人尋於泗上欲構伽藍因宿州民賀跋氏舍所居師曰此本為佛宇令掘地果得古碑香積寺即齊李龍建所創又獲金像衆謂然燈如来師曰晉光王佛也因以為寺額景龍二年中宗遣使迎大師至輦轂深加礼畢異命住定薦福寺帝及百官咸稱弟子與度惠儼惠岸木叉三人御書寺額普光王寺三月三日大師示滅敕令就薦福寺漆身起塔忽臭氣滿城帝祝送師歸臨淮言訖異香騰馥帝問萬廻曰僧伽大師是何人邪曰觀音化身耳乾符中謚證聖大師

五聖始末

按祖殿靈應集云五顯公之神在天地間相與爲本始至唐光啓中乃降于兹邑圖藉莫有登載故后來者無所考據惟邑惇耄口以相傳言邑民王喻有園在城北偏一夕園中紅光燭天邑人驚至觀之見神五人自天而下導從威儀如王侯狀黄衣皂縧坐胡床呼喻而言曰吾授天命當食此方福祐斯人訪勝尋幽而來至止我廟食此則祐汝亦無憂喻拜首曰惟命言訖禅雲四方神昇天矣明日邑人來相宅方山在其東佩山在其西左環杏廠右繞蛇城南北兩潭而前坐石大溪出來縈紆西下兩峰特秀巉然水口良然佳處也乃相與手來斬竹雜草作爲華屋立像肖貌揭虔安靈四遠聞之鱗集輻湊自是神降格有功於國福祐斯民無時不顯先是廟號上名五通大觀中始賜廟額曰靈順宣和年間封兩字侯紹興中加四字侯乾道年加八字侯淳熙初封兩字公甲辰間封四字公十一年加六字公慶元一年加八字王嘉泰二年封兩字王景定元年封四字

王累有陰助于江左封六字王六年十一月告下封八字王
理宗改封八字王號

第一位顯聰昭應靈格廣濟王　顯慶協惠昭助夫人
第二位顯明昭烈靈護廣祐王　顯惠協慶善助夫人
第三位顯正昭順靈衛廣惠王　顯濟協佑正助夫人
第四位顯直昭佑靈貺廣澤王　顯佑協濟喜助夫人
第五位顯德昭利靈助廣成王　顯福協愛靜助夫人
王祖父啓佑喜應敷澤侯　祖母衍慶助順慈貺夫人
王父廣惠慈濟方義侯　母崇福慈濟慶善夫人
長妹喜應贊惠淑顯夫人　次妹懿順福淑靖顯夫人

至有吏下二神若蓋五公既貴不歆以禍福驚動人之耳目而委是二神司之歟

黃衣道士　紫衣眞覺太師
輔靈翊善史侯　輔順翊惠卞侯

翊應助順周侯　令狐寺丞

王念二元帥　打拱高太保

打拱胡百二撿察　都打拱胡靖一總管

打拱黃太保　打拱王太保

金吾二太使　掌善罰惡判官

大猷嘗觀鍾山所作神傳知安樂公之名本於雲居惜其未詳大猷昨竊廪建昌特往訪問住山遇老具述其事云昔有司馬頭陀至山之南曰瑶田見道璨禪師謂璨曰吾尋此山凡十五載自南嶽襲其岡而来若獲勝地願與禪席闡揚佛告是夜夢五神人来曰求珠當入九重之淵欲寶必登萬仞之巔上有優遊平地固儻然黎明司馬命樵人開道登山見一白鹿銜花前導自横嶺而上又數百歩地平如掌忽見五神人曰此處乃弟子眷屬所居弟子受佚無用今願捨此續佚慧命如有所缺弟子願給備之璨隨即其地治基建寺后三日復見五神人現前璨問曰舍此何往神荅曰后山枯木是可居也璨一日往謝之神人果從枯椏樹中出璨問曰

安樂否神人曰弟子舉族安樂從此山神及樹皆得安樂之名瑢乃馬祖時人也唐憲宗元和初寺成名曰龍昌僖宗中和三年有洪覺禪師道膺入山開堂演法常有五老人來聽一日洪覺問曰公何人對曰山前檀越言訖而行洪覺令人觀其所往至山側小池遽入其中遂不見至今人呼為五龍池云

癸巳紹定六年三月三日宋承節郎張大猷謹書

按胡升撰星源志所載云升為童時尚見之一小碑載其事因婺源與德興爭祖廟輦之去今不知所存或曰本朝神祠見於會要姓氏皆可考惟此神無姓氏何耶升曰莫之為而為者此所謂鬼神也周禮小宗伯兆五帝於四郊漢儀祠五祀宋朝明堂畐五方帝位于昊天之側從之以五人帝五官神皆五行真氣也蓋五行為天地間至大之極必有為之主宰者故曰元冥曰祝融曰句芒曰神蓐曰后土皆指水火金木土而言之物今五神之降于此豈非默助五行之造化以福生民乎或者又以五聖為五通非正神也吁名實不辨典故不知徒肆為議論亦妄矣蓋本朝政和元年

正月詔毀五通及右將軍如巳淫祠至宣和五年我五聖適有通貺等侯之封前后十餘年間黜彼之邪崇此之正昭然甚明尚可得而並論之乎亦緣鄉曲前輩偶傳會佛有六通弟子五通之說以啓后人之疑每歲四月八日本縣啓建止善無碍大齋四方并海外來者輻輳齋宿極嚴非有形驅勢迫而使之然本朝褒封敕告並藏縣庫嘉泰二年中屢頒降御書扇五柄並置專局在廟收藏

宋迪公郎國史實録遍校文字胡升謹書

三教搜神大全
二卷

萬迴虢國公

萬迴公者虢州閿鄉人也姓張氏唐貞觀六年五月五日生生而癡愚至八九歲方能語嘯傲如狂鄉黨莫測一日令家人先帰云有勝客至是日三藏玄奘自西國還訪之公問印度風境了如所見奘作禮圍繞稱是菩薩有兄萬年久征遼左母程氏思其音信公曰此甚易爾乃告母而往至暮而還及持書隣里驚異其童興寺沙門大明少而相狎公來往明師之室屬有正諫大夫明崇儼夜過寺見公左右神兵侍衛崇儼駭之詰但言與明師厚施金繒作禮而去咸亨四年高宗召至內武后賜錦袍玉帶時有扶風僧蒙顧者甚多靈迹先在內每曰迴來迴來及公至又曰替到當去旬日而卒景雲二年十二月八日師卒于長安不祿壽年八十時異香氤氳舉体宋時特贈司徒虢國公喪士官給五年正月十五日窆于京師香積寺

許真君

許遜字敬之南昌人吳赤烏二年正月念八日降生母先夢金鳳啣珠墜於懷中而有娠父許肅祖父世慕至道真君弱冠師大洞真君吳猛傳三清法悌通經史舉孝廉拜蜀旌陽縣令也以晉亂棄官與吳君同遊江左會王敦作亂二君乃假符呪謁敦欲止敦而存晉也一日同郭璞候敦敦蓄怒而見曰孤昨夢將一木上破其天禪帝位果十全乎請先生圓之許曰此夢非吉矣曰木上破天是未字明公未可妄動又令璞筮之曰事無成問壽曰若起事禍將不久若住武昌壽不可測敦怒曰卿壽幾何曰予壽盡今日敦令武士執璞赴刑二君同敦飲席間乃隱形去至盧江口召舟過金陵舟師辭以無人力駕舡二君曰但載我我自行舡仍戒舟師曰汝宜堅閉户隱若聞舟行聲慎勿潛窺於是入舟須刻間舟師聞舟搖撼木葉聲遂潛窺見二龍駕舟在紫霄峯頂既知其窺委舟而去二君曰汝不信吾教今至此柰何遂令舟師舟隱此峯頂教服靈草授以神仙術舟

之遺跡今尚存眞君後在豫章遇一少年容儀脩整自稱愼郎眞君與之話知非人類既去謂門人曰適少年乃蛟蜃精吾念江西累遭洪水為害若不剪除恐致逃遁遂舉道眼一覷見蜃精化一黄牛於洲北眞君謂弟子施太玉曰彼黄牛我今化黒牛仍以白巾與鬭汝認之當以劍截彼俄頃二牛奔逐太玉以劍中黄牛之左股因投入城西井中黒牛亦入井蜃精徑走蜃精先在潭州化一聰明少年人多珍寶娶刺史賈玉女常旅遊江湖必多獲寶貨而歸至是空歸且云被盜所傷須臾典報云有道流許敬之見使君賈出接坐眞君曰聞君得佳婿略請見之愼郎托疾不出眞君厲聲曰蛟精老魅焉敢遁形蛟乃化本形至堂下命空中神殺之又令将二兒來眞君以水噀之即成小蜃妻賈氏幾變父母力懇乃止令穿屋下丈餘地皆有水際又令急移俄頃官舍沉没為潭踪跡皆宛然除蜃後於東晉太康二年八月一日於洪州西山舉家白日上昇眞君自飛昇之後里人與眞君族人就其地立祠以所遺詩一百二十首寫竹簡之上載之巨筒令人探取以决休咎名曰聖籤宋徽宗政和二年五月十七日上

尊號曰　神功妙濟真君改觀為宮賜額曰玉隆萬壽帝因看書于崇政殿恍然似夢見東華門北有一道士戴九華冠披絳章服道從者甚衆至丹墀起簡揖帝帝乃問曰卿是何人不詔而至對曰吾為許旌陽權掌九天司職上帝詔往按察西瞿耶國経由故國復問曰朕患安息瘡諸藥不能愈真君有藥否即取小瓢子傾藥一粒如綠豆大呵呪抹於瘡上覺如流酥灌体入骨清涼遂揖而去行数步復回顧曰吾𢻵舍久已寥落願聖皇舉眼一看為幸帝豁然而覺詔畫像如夢中所見者賜上清儲祥宮崇奉詔真君遺跡去處未有宮觀即取本屬官錢建造如宮觀只因損壞如法脩換無常住即撥近便官田供辦聖朝崇奉加至道玄應四字餘封如故

詩曰　從来世代出神仙　爭似旌陽拔宅登
屈指箕来千載後　應當還有鳳珠呑

格聯　三尺龍泉追残凿壑千年魄　收孽蛟贈
一根鉄柱鎖定西江萬古秋

寶誌禪師

寶誌禪師宋元嘉中見形於東陽鎮古木鷹巢中朱氏聞巢中兒啼遂收育之因以朱為姓施宅為寺焉公自少出家依于鐘山道林寺常持一錫杖懸刀尺及鏡拂之類或掛一兩尺帛數日不食無饑容時或歌吟詞多讖記士庶皆共事之齊建元中武帝謂師惑衆收付建康獄既久人見其入市及檢獄如故建康尹以事聞帝延於宮中之後堂師在華林園忽一日重著三布帽亦不知於何所得之俄豫章王文惠太子相繼薨齊亦以此貴矣由是禁師出入梁高祖即位下詔曰誌公迹拘塵垢神遊冥寂水火不能燋濡蛇虎不能侵懼語其佛理則聲聞以上談其隱淪則遯仙高者豈以俗士常情空相拘只何其愚陋至於此自今勿得復禁師或一日封帝食鱠帝曰一不知味二十餘年師何為爾師乃吐出小魚鱗尾依然今建康尚有鱠殘魚是也皇后郗氏崩數月帝常追悼之晝則悒悒不樂宵則耿耿不寐居寢殿聞外騷窣聲視之乃見蟒蛇盤躃上殿睒睛呀口

以向於帝帝大驚駭無所逃遁不得已蹶然而起謂蛇曰朕宮殿嚴警非爾蛇類所生之處必其妖孽欲祟朕耶蛇為人語啓帝曰蟒則昔之郗氏也妾以生存嫉妬六宮其性慘毒怒一發則火熾矢射損物害人死以是罪謫為蟒耳無飲食可實口無窟穴可庇身饑窘困迫力不自勝又鱗甲有蟲唼嚙肌肉痛苦其劇若加錐刀焉蟒非常蛇亦復變化而至不以皇居深重為阻耳感帝平昔眷妾之厚故托醜形骸陳露於帝祈一功德以見拯拔也帝聞之嗚呼感激既而求蟒不復見帝明日大集沙門於殿庭宣其由問善之最以贖其言師對曰非禮佛懺滌悃欵不可帝乃然其言搜索佛經録其名號兼親抒睿思灑聖翰撰悔文共成十卷皆採摭佛語削去閑詞為其懺禮又一日聞宮室內異香馥郁良久轉美初不知所來帝因仰視乃見一天人容儀端麗謂帝曰此則蟒後身也蒙帝功德已得超昇利天今呈本身以為明驗也慇懃致謝言訖而去此見梁武懺序師于梁天監十三年冬將卒忽告衆僧令移寺金剛神像出置于外乃密謂人曰善薩將去矣未及旬日無疾而終舉躰香耎在世九十七年帝以錢

三十萬易定林寺前岡獨龍阜以葬師永定公主以湯沐之資造浮圖七級於其上帝命陸倕製銘錫玻黎珠以飾塔表南唐保大七年加號妙覺塔名應世宋太宗太平興國七年舒民柯蕚遇老僧徃萬歲山指古松下掘之得石篆乃寶公記聖祚綿遠之文於是遣使致謝謚曰寶公妙覺治平初更謚道林眞覺大師按建康實録開善寺有誌公履唐神龍初鄭克俊取之以歸長安今洗鉢池尚在塔西二里法雲寺基方池是也

三教搜神大全

盧六祖

盧六祖名惠能廣東韶州府人學佚見曹溪水香遂於其地擇一道塲求之地主但云只得一袈裟地足矣地主從之遂以袈裟鋪設方圓八十里今南華山六祖道塲是也從坐化自唐宣宗時至今六百有餘年肉身俱存香烟薰馥面如漆光至元丙子年漢軍以利刃鑽其腹見心肝如生人於是不敢犯衣鉢盡載之北今已發回有宣宗御賜袈裟織成淡山水有西天鉢非銅鉄非木石有西天屐非革非木竟不知何物有法華经十六七葉有佛齒以小銀合載之元有一孽龍據深潭為民害六祖曰只怕你變小其龍果變小遂以鉢盂載之在寺中乾枯歸隨後其龍尚存久矣

三教搜神大全
二卷
十四

三茅真君

太玄真人內傳畧曰真人姓茅咸陽南關人也聖祖諱喜字拱倫仕秦莊襄王為廣信侯其父乃廣信侯弟六子諱祚字彥英有三子長子諱盈字叔申次子諱固字季偉小子諱衷字思和盈年十八棄家恒山讀老子書及周易傳採取山朮而餌服之積六年夜夢太玄玉女把玉札而携之曰西城王君得真道可為師矣明辰敬到西城齊戒三月卒見王君駕神龙之駢翱翔於綉岩之陰於是越艱難絕阻不覺以前君乃使衛官見攝將遠王君洞臺之中親侍旦夕執巾履之役如是十七日王君見君謹密使主領衣書神籙之章復三年乃命駕造白玉龜山請王母於清琳宮君時從焉西王母曰總真今乃挾肉人以登靈臺不亦勞乎王君笑而不荅因曰君起再拜自陳願賜長生之術王母曰吾昔先師元始天王及扶桑大帝君時乃閒居於希林之臺積霄之房說玄玄之道見遺以要言所謂玉佩金璫之道太極玄真之經也君拜受所言王母勅玉君一一解釋玄玄

之經又自敕出金璫之文以口告於君也受命言訖玉君將初歸西城桉
而行之三年之中色如女子自有流光面生玉澤王君又賜君九轉还丹
二劑及神方一首告之曰道已成可以去矣復百年求我於南岳將授汝
仙在於吳越也於是辭師乃歸時年四十九君父母尚在見之大怒曰為
子不孝不親供養尋逐妖亡流走四方欲杖罰之君長跪謝曰盈受命應
當得道今道已成不可杖擊恐三官考察非小故也父不信於是操杖向
君適欲舉杖杖即摧折成數段數段皆飛揚如弓矢之發中壁壁穿中柱
柱陷父悟不敢打怒乃止父又曰汝言得道能起死人否君曰死人有罪
重積惡不可復生有夭壽短折者則可令起也乃召社公問此村中已死
者誰可召還促約所關由使發遣之至日入之後社公來白事云某甲已
決了便可發出於是掘地擺棺舉而出之三日能坐語言了了如此發數
人家皆遂生活鄉里遠近咸稱君為神明之君後十餘年君父俱死行喪
如禮中弟固漢景帝時舉孝廉累遷至武威太守弟衷少以節行顯名從
梁國為孝王上賓宣帝地節二年遷雒陽令後拜為五更大夫轉西河太

薩真人

薩真人名守堅蜀西河人也少有濟人利物心嘗學醫誤用藥殺人遂棄醫道聞江南三十代天師虛靜先生及林王二侍宸道法步往師之至陝行囊已盡見三道人來問堅何所往堅告以故道人曰天師羽化矣復問王侍宸曰亦化矣再問林靈素曰亦化矣薩方悵恨一道人曰今天師道法亦高吾與之有舊當爲作字可往訪之吾有一法相授日間可以自給遂授以呪棗之術曰呪一棗可取七文一日但呪十棗得七十文則有一日之資矣一道人曰吾亦有一法相授乃雷法也真人受辭用之皆驗一日凡呪百餘棗止授七十文爲日用餘者復以濟貧及到信州見天師授信擧家皆哭乃虛靖天師親筆也信中言吾與王侍宸林天师遇薩君各賜一法授之矣可爲參録奏名真人後法愈大显嘗經潭州人聞神語曰真人提刑来日至次日人伺之只見真人攜簑笠至有提點刑獄之牌人異之繼至湘陰縣浮梁見人用童男童女生祀本處廟神真人曰此等醒

神即焚其廟言訖雷火飛空廟立焚矣人莫能救但聞空中有云頭法力常如今日自後廟不復興真人至龍興府江邊濯足見水有神影方面之巾金甲左手拽神右手執鞭真人曰爾何神人也答曰吾乃湘陰廟神天善神真人焚吾廟後今相隨一十二載只候有過則復前讎今真人功行已高戢隸天樞望保奏以為部將真人曰汝兇惡之神坐吾法中必損吾法其神即立誓不敢背盟真人遂奏帝收係為將其應如響後真人至涪州忽一日諸將現形環侍告曰天詔將臨召真人歸天樞領位真人方起身而立即化後舉棺輕如常木衆異而開視則已空棺且知真人得屍解之道也

雷廷三判官袁千里

袁千里

袁勝字千里南豐人王待宸姊氏子也育斬勘雷法髮鬚舅氏端平間寓戴顛家一日謂戴顛曰吾逝矣可焚我言畢而卒戴焚之火及屍煙焰中有旗現金字曰雷霆第三判官袁千里也

傅大士

傅大士

傅大士名翕婺州義烏人也自幼聰慧通二教之書自號善慧大士梁普通元年遇天竺三僧嵩頭陀語曰尔弥勒化身遂令自鑒於水乃見圓光宝盖即悟前因因問脩道之地頭陀指松山下雙檮木曰此可矣大士於此刱菴大通三年置寺雙檮閒即今雙林寺有法華經梁武帝所賜鐵犂耕鉢水晶數珠七佛銅冠至今存焉大士雖出家者流而不髡或以為有先知能兼德士之冠服云又有餘虎岩在義烏城南二十五里雲黄山頂猛獸縱横大士齋竟每持餘飯飼之自茲伏匿因是立名飯化石青白而紫可作數珠昔有陶氏嘗貿給大士大士視之曰佗日化石青紫色可琢數珠不意商自茲授記唯此一家能之相傳他人放效石即裂碎両浙有忠懿王往婺州發大士塔取骨殖丕龍山舉之不動即其地建龍華寺以骨殖塑大士像于塔矣

崔府君

崔府君者乃祈州鼓城人也父讓世為巨農純良德義鄉里推重年將知命未立繼嗣讓與妻議之曰我平日所為常存濟物之心今何無嗣不若與汝共發虔誠祷於北岳妻從其言同詣北岳祠下禱祝祈嗣畢歸邸中安下是夜夫妻夢一仙童手擎一合崔讓問之童曰帝賜合中之物令君夫妻吞之言訖擧合蓋視之見美玉二枚夫妻各吞其一忽然而覺自後有娠腹懷十月滿足於隋大業三年六月六日降生一子神彩秀美異於常人幼而從學日誦千言不窺群子之戲因名子玉凡事過人鄉人咸為積善之家天賜也時唐太宗貞觀七年詔擧天下賢良赴都朝廷任用府君亦在內焉各賜縣令出身惟府君除潞州長子縣令正直無私洞察秋毫郡人皆言知縣晝理陽間夜斷陰府時五月初間知縣省喻邑人此月望日及望後一日無得殺生及獵射如犯者官中决斷陰府理問時有善射者朱蹇哥等二人潛出廓外射得兎一隻入城門吏搜住执於庭下問

之曰爾等故犯欲以縣庭受刑陰府受罰其人云乞於陰府受罰以為陰
理将遠言訖各放还家是夜方就枕俄有一黄衣吏喚二人至于公庭一
所廳上却見崔知縣王者冠服檢諸人罪狀或促其寿或隋其子孫或减
其食禄汝輩善惡自當裁之令還本家遂驚而覺其人乃異之忽一日門
吏報曰鵰黄嶺有猛虎攔路傷人公遣首吏孟完賫符牒至山廟拘虎其
虎出自啣符牒隨吏而至公庭崔公責之曰汝乃異類所食者有分定輙
敢逺其天意食啖人命罪當如何其虎聞之觸階而死自此邑人立生祠
而祀之時潞州太守奏申朝廷貞觀十七年府君遷磁州滏陽縣令整太
宗陰府君在之事決楊叟二子負債之冤後遷衛州衛縣令與奕棋人楊
叟同赴任所西南五里有河時夏月水汎漂渰民田公于河上設壇以詞
奏于上帝少頃間有一頭蛇浮于水面而卒水漸散去郡人亦立生祠祀
焉有一日公與楊叟奕碁公忽起楊叟亦起公云爾見否忽有黄衣數輩
挑符而言曰吾奉上帝命云云次有玉珪玉帶子服冠簪秀衣五岳衛具
又有百餘人皆拜畢而立奏簫韶絲竹之音樂復有一神取白馬至府君

曰汝輩必待之遂呼二子曰吾將去世矣無得大慟取紙筆寫百字銘以訓其子二子泣拜而授命言訖而卒在世六十四年矣後玄宗值祿山兵乱帝夜夢神人告之曰願陛下駕不可別此方賊不久而滅矣又何避之於是帝問姓名曰臣乃磁州滏陽縣令崔子玉帝驚而覺焉後果如其言駕歸闕下建廟封靈圣護国侯至唐武宗天下洪水漲溢禱之乃止加封護国威應公宋真宗東封岱岳加封上號

護国西齊王至宋高宗之避狄難自鎮走鉅鹿馬斃冒雨獨行暮宿老嫗家嫗與帝澤衣洗足進粝飯且告曰當借一遊騎早去約五鼓以包一蒸肩置焉帝請行稍前迈三歧路惑焉忽見白馬帝異之躡其後脫至靈祠下有土撫之汗如雨因宿夢青衣方袍人杖擊地輒其亟行驚起遅明癸眠紙亭祝板題云磁州都土地崔府君俄聞珓珓聲乃登殿觀像如夢中所見寂無人唯几上有合內有酒食帝食之將出焉白馬復前導至斜橋谷馬忽不見益異之而從臣耿南仲將民兵數千來迎及南渡駐蹕於杭州帝首為立廟焉賜廟額曰顯衛

三教搜神大全
二卷

普庵禪師

普庵禪師名印肅袁州宜春縣溥化村父余慈母胡氏當宋徽宗政和五年十一月二十七日辰時生年六歲夢一僧點其心曰汝他日當自省既覺以意白毋視之當心有一點紅瑩大似世之櫻珠父毋因此許從壽隆院賢和尚出家年二十七歲落髮越明年受戒師容貌魁竒智性巧慧賢師器之勉令誦経師曰嘗聞諸佛元旨必貴了悟于心数墨巡行無益于事遂辞賢遊湖湘謁大溈牧庵忠公因問万法帰一一帰何處忠公竪起拂子師遂有省後帰受業院癸酉歲有隣寺慈化者請衆住持寺無常住師布衾紙衣晨粥暮食禪定外唯閲華厳経論一日大悟遍躰汗流喜曰我今親契華厳経遂述頌曰

描不成團撥不開　何須南岳又天台
六根門首無人會　惹得胡僧特地来

自此之後発為言句動悟幽顯有不期然者一日忽有僧名道存冒雪至

師目擊而喜曰此乃吾不請友矣遂相與寂坐交相問荅或咲或謂僧曰師再来人也非久當大興吾教乃指雪書頌而行師乃掩隱南嶺其號曰普庵忘懷于世因四縣巡檢丁君驥與長者刘汝明同請出山頣助營費重為慈化脩建佛殿師辞不獲竟從請至則慕道向風者衆師乃隨宜為說或書頌與之有病患者折草為藥與之即愈或有瘦毒人跡不相往来者師與之頌咸得十全至於祈晴伐恠木毀淫祠靈應非一由是工役大興富者施財貧者施力巧者施藝寺宇因兹鼎新延以數千里之間開路建橋樂為善事皆師之化或問師脩何行而得此師乃當空畫云還會麽其人云不會師云止〻不須說其直機無辨多如此而歌頌讃語遍傳人間如證道歌判源録已盛行於時忽一日索筆書頌於方丈西壁云

乍雨乍晴寶象明　東西南北乱雲深
失珠無限人遭刼　幻應權機為汝清

枯木敕度頌畢示衆曰諸佛不出世亦無有涅槃入吾室者必能無契矣善自護持無令退失索浴更衣跏趺而寂時則乾道五年七月二十一日

也享年五十五僧臘二十八年十一月一日全身入塔是時四衆云集悲
號之聲振動山盡師之終始大槩如此
普庵寂感妙濟正覺昭貺禪師
聖朝大德四年歲次庚子秋七月加封
大德二字餘封如故

三教搜神大全
二卷
二十四

吳客三眞君

昔周厲王有三諫官唐葛周也王好畋獵失政三官諫曰先王以仁義守國以道德化民而天下咸服未聞禽荒也屢諫弗聽三官棄職南遊於吳吳王大悦會楚兵侵吳王甚憂之三官進曰臣等致身以死事大王自有安邦之謀但大王無慮耳三官迎敵各用神策楚国皆降吳王遷賞三官拜辭奏曰臣等客臣也不敢受賜后知厲王薨宣王立復歸周国宣王錫受甚厚仍其爵位后救太子靖王降五方使者及非災橫禍宣王遷三官於東充撫治安慰民受其賜啇請其貲所至無乏其國大治三官既昇加封侯號

唐宏字文明孚靈侯七月二十一日誕　葛雍字文度威靈侯二月十三日誕

周斌字文剛淡靈侯十月初二日誕

宋祥符元年真宗東封岱岳至天門忽見三仙自空而下帝敬問之三仙曰臣奏天命護衛玉駕帝封三仙曰

三教搜神大全
三卷

昭靈侯

昭靈侯南陽張公諱路斯隋之初家于潁上縣百社村年十六中明至第唐景龍中為宣城令以才能稱夫人石氏生九子自宣城罷歸常釣于焦氏臺之陰一日顧見釣處有宮室樓殿遂入居之自是夜出旦歸一輒寒而濕夫人令問之公曰我龍也蓼人鄭祥遠者亦龍也與我爭此居明日當占使九子助我頭有絳綃者我也青綃者鄭也明日九子以弓矢射青綃者中之怒而去公亦逐之所過為谿谷以達于淮而青綃者投于合淝之西山以死為龍穴山九子皆化為龍而石氏葬關洲公之兄為馬步使者子孫散居潁上其墓皆存焉事見于唐布衣趙耕之文而傳于淮潁間父老之口載于歐陽文忠公之集古録云自景龍以來潁人世祠之于焦氏臺乾寧中刺史王敬蕘始大其廟有宋乾德中蔡州大旱其刺史司超聞公之靈築祠于禱既雨翰林學士承旨陶穀為記其事盖自淮南至于陳蔡許汝皆奔走奉祠景德中諫議大夫張秉奉詔益新潁上祠宇而

熙寧中司封郎中張徽奏乞爵號詔封公昭靈侯石氏柔應夫人廟有穴
薛往往見变異出雲雨或投器穴中則見于池而近歲有得蜺骨于地者
金聲玉質輕重不常今藏廟中元祐六年秋旱甚郡守龙圖閣李士左朝
奉郎蘇軾迎致其骨于西湖之行祠與吏民禱焉其應如響乃益治其廟
宇也

義勇武安王

義勇武安王姓関名羽字雲長蒲州解良人也當漢末與涿郡張飛佐刘先主起義兵后於南陽卧龙崗三謁茅庐聘諸葛孔明宰割山河三分天下国号為蜀先主命関公為荆州牧不幸吕蒙設計公乃不屈節而亡追贈大将軍塟于玉泉山士人感其德義歲时奉祀焉宋真宗祥符五年十月十七日夜有神人自空而降奏曰臣乃上天直符使者玉帝有勅后八日有圣祖軒轅降于宫闕言訖而去帝次日典群臣議之洒掃宫室設祭礼至日圣降于延恩殿帝拜於前圣曰吾往昔人皇氏也其后為軒轅即汝趙宋之始祖也吾以汝善脩国政抚育下民而来言訖圣昇天矣帝大異之帝典群臣議之圣降之跡山存天香未散群臣賀曰陛下圣德所感圣祖降于宫闕帝詔天下梵宫並建圣祖宝殿至祥符七年解州刺史表奏云塩池自古生塩收办宜課自去歲以来塩池減水有虧課程此係災变敢不奏聞帝遣使持詔至解州城隍庙祈祷焉使夜夢一神告曰吾城

隍也塩之患乃蚩尤也往昔蚩尤與軒轅帝爭戰帝殺之于此地塩池之
側至今尚有近跡近聞朝廷創立聖祖殿蚩尤大忿攻竭塩池之水颯然
而覺得此報庙迴奏于帝ヒ與群臣議之王欽若奏曰地神見報當設祭
以禱之帝遣呂夷簡持詔就塩池禱之祭畢是夜夢一神人絨服金甲持
劍怒而言曰吾乃蚩尤神也奉上帝命来此塩池於民有功以国有益今
朝廷崇以軒轅立庙于天下吾乃一世之讎也此上不平故竭塩池水朝
廷若能除毀軒轅之殿吾令塩池如故若不從竭絶塩池五穀不收又使
西戎為边境之患言訖而去夷簡颯然而覺其夢中之事回奏於帝ヒ亦
憂之王欽若奏曰蚩尤乃邪神也陛下可遣使就信州龙虎山詔張天師
可收伏此怪帝從之乃遣使詔天師至闕下帝曰昨因立圣祖軒轅殿致
蚩尤怒涸絶塩池之水即今為患召卿斷之天師奏曰臣奉一将最英勇
者蜀関将軍也臣當召之可討蚩尤必成其功言訖師召関将軍至矣現
形於帝前帝云蚩尤竭絶塩池之水将軍奏曰陛下圣命敢不從之臣乞
会五岳四瀆名山大川所有阴兵尽往解州討此妖鬼若臣與蚩尤对戦

必待七日方勦除得伏頭陛下先令解州管内户民三百里内尽閉户不出三百里外尽示告行人勿得往来待七日之期必成其功然后開門如往恐觸犯神鬼多致死亡帝從之関將軍乃授命而退遂下詔解州居民悉知忽一日大風陰暗白晝如夜陰雲四起雷奔電走似有鐵馬金戈之声聞空中叫噪如此五日方且雲收霧散天晴日朗塩池水如故皆関將軍力也其護国祚民如此帝加其功遣王欽若賫詔往王泉山祠下致享以謝神功復新其庙賜庙額曰義勇追封四字王号曰武安王宋徽宗加封尊号曰

崇寧至道真君

格聯

正氣雷行天自三国迄今弥久弥光不数孫權曹操

英風泉在地通八閩尽処随叩随应何須蜀郡荊州

百戦饋荊州忠義万年心尚赤　正氣不磨想去时还復天地

三分安漢罡英雄千载胆犹寒　忠魂常在至今日犹壮山河

生前壮氣吞吴魏未許三分　兄弟情規豈忘彼一时盟誓

死後名高壓太華德垂万古　君臣義重不枉了素讀春秋

一片丹心垂竹帛　庙貌丹青古

千年高誼領桃园　威名歲月深

清源妙道真君

清源妙道真君姓趙名昱從道士李珏隱青城山隋煬帝知其賢起為嘉州太守郡左有冷源二河内有犍為老蛟春夏為害其水汎漲漂渰傷民昱大怒時五月間設舟船七百艘率甲士千餘人民萬餘人夾江鼓譟声振天地昱持刃入水有頃其水赤石崖奔吼如雷昱右手持刃左手持蛟首奮波而出時有佐昱入水者七人即七聖是也公斬蛟時年二十六歲隋末天下大乱棄官隱去不知所終後因嘉州江水漲溢蜀人見青霧中乘白馬引数人鷹犬弾弓獵者波面而過乃昱也民感其德立廟於灌江口奉祀焉俗曰灌口二郎太宗封為神勇大將軍明皇幸蜀加封赤

宋真宗朝益州大乱帝遣張乖崖入蜀治之公詣祠下求助於神果

奏請于朝追尊聖号曰

清源妙道真君

此半板應有威惠顯聖王像原本即缺非缺葉也

威惠顯聖王

神姓伍名員字子胥楚大夫奢之子也平王聽費無極說殺父奢兄尚子胥奔吳言伐楚之利欲以報仇吳與楚戰吳果勝焉吳遂入郢員掘平王塚出其尸鞭之三百乃雪父仇吳伐越々王勾踐擊傷闔廬死子夫差立々二年而報越勾踐棲于會稽使大夫種厚幣遺大宰嚭以請和求委國為臣妾吳王許之子胥諫不聽退而告人曰吳其為沼乎十一年夫差將為魯伐齊勾踐率其衆而朝王及列士皆有賂吳人皆喜子胥獨嘆曰是豢吳也不如早從事焉員屬其子於齊鮑氏大宰嚭因說之曰員恨其計不用將為乱王使賜之利刃以死將死曰樹吾墓以檟々可材也吳其亡乎三年其始弱矣吳王聞之怒乃取員尸盛以鴟夷革浮之江中吳人憐之為立祠江上命曰胥山吳王既誅員乃伐齊大敗齊人於艾陵十四年會諸侯于黃池越入吳二十三年而越卒滅吳唐元和間封惠廣侯宋封忠武英烈顯聖安福王

聖朝宣賜王號

忠孝威惠顯聖王

祠山張大帝

祠山聖烈真君姓張諱渤字伯奇武陵龍陽人也父曰龍陽君母曰張媪其父龍陽君與媪遊於大湖之陂正晝無見風雨晦冥雲盖其上五祥青雲雷電並起忽失媪處俄頃開霽媪言見大女謂曰吾汝祖也賜以金冊已而有娠懷胎十四个月當西漢神雀三年二月十一日夜半生長而奇偉寬仁大度喜怒不形於色身長七尺隆隼美鬚髮垂委地深知水火之道有神告以地荒僻不足建家命行有神獸前導形如白馬其聲如牛遂與夫人李氏東游吳会稽渡浙江至苕雲三白鶴山山有四水會流其下公止而居焉於白鶴得柳氏於烏程桑坵得趙氏為侍人王九弟五子一女八孫始於吳興郡長興縣順靈鄉發跡役陰兵自長興荆溪疏鑿聖瀆長十五里岸高七丈至十五丈緫三十里志欲通津於廣德也復於後村畢宅保小山楓樹之側為掛鼓壇先時與夫人李氏密議為期每餉至鳴鼓三聲王即自至不令夫人至開河之所厥後因夫人遺飡於鼓乃為烏

啄王以鳴鼓而餉至泊王詣鼓壇乃知為烏所誤及夫人至鳴其鼓王反以為前所誤而不至夫人遂詣興功之所見王為大豨役陰兵開鑿瀆河王見夫人变形未及遂不歬夫人相見聖瀆之功息矣遁於廣德縣西五里横山之頂居民思之立廟於山西南隅夫人李氏亦至縣東二里而化時人亦立其廟聖瀆之河涸為民田即浴兵池為湖灌溉瀕湖之田僅萬頃掛鼓之壇禽不敢棲蟻不敢聚云唐天寶中禱雨感應初贈水部員外郎横山改為祠山昭宗贈司農少卿賜金紫景宗封廣德侯南唐封為司徒封廣德公後晋封廣德王宋仁宗封靈濟王至寗宗朝累加至八字王至理宗淳祐五年改封正佑聖烈真君至咸淳二年十二月十二日準告

加封

正佑聖烈昭德昌福真君 二月十一日誕生

封正寗昭助靈惠順聖妃 李氏二月初二日誕生

封協應濟惠慈昭廣懿夫人 趙氏 封協順承濟慈佑廣助夫人

王祖顯慶垂休昭遠靈惠侯 王祖母顯應起家昭靈夫人

王父慈應潛光儲祉衍靈侯　王母慈惠嗣徽聖善夫人

九弟

靈既普濟昭助侯　靈德昭惠嘉懿夫人

善利通既靈助侯　善德助惠正懿夫人

順戒孚應顯助侯　順德衍惠昭懿夫人

康衛昭應廣助侯　康德順惠顯懿夫人

靖鎮豐利宏助侯　靖德淑惠靈懿夫人

休應豐澤孚助侯　休德敷惠靖懿夫人

明濟福謙善助侯　濟德綏惠昌懿夫人

昭祐通濟信助侯　昭德靜惠明懿夫人

嘉惠孚直順助侯　嘉德柔惠光懿夫人

五子

承烈顯濟啓佑王生五月十五日　承祀贊福元穆協應夫人

嗣應昭佑公正月初四日誕生　嗣嬪翊福昭穆夫人

濟美崇祐公三月十五日誕生濟順保福恭穆夫人

紹休廣祐公生十二月十二日誕紹姒崇福交穆夫人

善繼孚祐公正月十一日誕生善行敷福瑞穆夫人

一王女

淑顯柔嘉令儀夫人王婿李夫人本廣无像位醮筵及祠祭呼云

八王孫

第一位永福侯　第二位衍祚侯

第三位衍祐侯　第四位衍澤侯

第五位衍瑞侯　第六位衍渥侯

第七位衍慶侯　第八位衍惠侯

佐神丁壬二聖者

打拱方使者封恊靈侯

掠剔使

按幽怪録云杜陵韋元方外兄裴璞任邠州新平縣尉元和五年璞卒于官長慶初元方下第将客于隴右出開遠門数十里抵偏店将憩逢武吏躍馬而来騎從数十而貌似璞見元方若識而急下馬避之入荼邸垂簾于小室中其從御散坐簾外元方疑之亦造其邸及褰簾入見真裴璞也元方驚喜拜之曰兄去人間復效武職何也從吏之紏〻焉裴璞曰吾為陰官職受武士故武飾耳元方曰何官曰隴右三川掠剔使耳曰何所司耶曰吾職司人剩財而掠之元方曰何謂剩財璞曰人之轉貨求丐也命當即叶忽遇物之稍稀或主人深顧所得乃踰数外之財即謂之剩故掠之焉元方曰安知其剩而掠之璞曰生人一飲一酌無非前定况財寶乎陰司所籍其獲有限獲而踰籍陰吏乃剔而掠之也元方曰所謂掠者奪之於囊耶竊之於懷耶璞曰非也當数而得一一有成数外之財為吾所運或令虛耗或索横事或買賣不及常價殊不関身尔始吾之生也常謂

商勤得財農勤得穀士勤得祿只歎其不勤而不得也夫覆舟之商旱歲之農屢空之士豈不勤乎而今乃知勤者德之基學者善之本德之崖善乃立身之道耳亦未足以邀財而求祿也子之逢吾亦是前定合得白金二斤過此遺子又當復掠故不厚矣子之是行也故甚厚而分甚薄於溼殊无所得諸鎮平〻尔人生有命時不叅差以道静观无復躁挠勉之哉璞以公事須入城中陰冥限數不可違越遂以白金二斤授之揖而上馬元方固請曰間别多年忽此集会款言未幾又隔晦明何處如此璞曰本司觧署置在汧隴間吐蕃将来慮其侵軼当與陰道京尹共議会盟雖非遠圖聊亦紓患亦且安邊之計也我馬已駕衆期不遥事非早謀不可為備且去且去上馬數步遂不復見顧其所遺乃真白金也悵然而西所歷之獲无差其說彼樂天知命者盖知事皆前定矣俄而蕃軍騷動朝廷知之又虞其叛思援臣以為謀宰相蓰盟相国崔公不欲臨境遂為城下之盟卒如其說也

淞江遊奕神

翰苑名談云陳堯咨泊舟三山磯有老叟曰来日午有大風舟行必覆宜避之来日天晴萬里無片雲舟人請解纜公曰更待之同行舟一時離岸公托以事曰午天色恬然俄而黑雲四起於天降大風暴至折木飛沙怒濤若山同行舟多沉溺公驚嘆又見前叟曰某實非人乃江之遊奕將也以公他日當位宰相固當奉告公曰何以報德叟曰吾不求報貴人所至龍神禮當衛護願得金光明經一部某乘其力薄有遷職公許之至京以金光明經三部遣人詣三山磯投之夢前叟曰本祗祈一公賜以三今連陞数秩再拜而去矣

常州武烈帝

忠佑武烈大帝姓陳諱果仁字世威常州晉陵人也聖祖暠字元皎仕陳為羽林郎洪州建昌縣令父季明字玄渙仕陳為江州司馬領南道採訪使尋拜給事中帝於梁太清三年己巳三月望日午時誕英姿照人有鼎角匿犀之異衆皆奇之八歲能屬文十三徧讀諸史人皆咸為再生東家丘陳大帝天康元年舉進士第對策玉階年甫十有八上曰朕與卿太丘之後家世自茲不墮特授監察御史遷江西道巡察大使帝智勇絶人精深韜畧有经濟天下之志仕陳二十有五載事親以孝事君以忠德惠萬民威名滿天下後主失政遜于隋遂亟上印綬歸隱不仕以田園為終老計隋高祖累詔不起煬帝南遊江都群盜並起帝聞其名詔令討盜俾除民害義不可辞奉命而起大業五年授秉義尉平長山以叛寇鞫其真僞各得其情衆悅服仕至朝請大夫九年正月奉詔平江寧樂伯通叛徒十萬授銀青光祿大夫十三年改號義寧恭帝全號奉詔平東陽奕世幹賊

衆二十萬隋王勑之召入拜大司徒大業末沈法興起兵吳興乃帝室之父意欲倚帝爲重帝輸忠貫日抗節凌秋確乎不移法興謀據常郡包藏禍心陽爲依附實欲加害時賊帥李子通集衆數萬屯江北與法興陰爲應援震帝威勇不敢渡至唐高祖武德二年庚辰五月十八日法興詐稱疾亟走告于帝不得已往問疾飲酒中毒馳歸時有高僧澟禪師以醫名世亟召之治療其法當於閒寂無人處水滌腸去毒帝室沈氏宗伉儷之義深切痛心至池上潛窺而觸之帝自知不可爲遂囑付澟禪師及軫張二妃俾施所居第并南郊爲精舍東第爲崇仟觀言訖而薨享年七十有二法興聞之意欲陰謀得志豈知帝英爽如在忠節愈勵一日黑雲蔽空風雨晦宣忽見形威發一神矢射斃法興寇衆四清其護國威靈有如此者唐天子欲旌其功乃下詔詢訪本郡耆老故陳司徒身備八絕何謂耆老等條奏曰忠孝文武信義謀辨是謂八絕事唐封忠烈公繼封福順武烈王後周加以帝號宋宣和四年賜廟額曰福順一武烈顯靈昭德大帝

武烈沈后　軫后　妃贊幽張夫人　神眷

神父啓靈侯

神母懿德艮夫人　神繼母嘉德伊夫人

神長子賛惠濟美侯

次子恊應濟順侯　神孫處士

佐神柴大尉名克宏封翊靈將軍

揚州五司徒

揚州英顯司徒茅許祝蔣吳五姓是邦血食久矣載在南史及梁書王琳列傳云王琳會稽山陰人也本兵家破景有功能輕身下士所得賞物不以入家其麾下萬人多江淮人也累立大功仕至特進將軍會陳將吳明徹來寇境帝遣領軍將擊破胡等出牧秦州令琳共為經略琳謂破胡曰軍士嚴整切勿須戰破胡不從遂戰軍大敗琳單騎而獲免還至彭城帝令更赴壽陽進封為巴陵王陳將吳明徹進兵圍之堰肥水灌城晝夜攻擊城內水氣浸人皆患腫死者甚衆城陷琳被執百姓泣而從之吳明徹恐其為變殺之哭者聲如雷傳首建康縣之於市琳故將吏朱瑒等致書求以首吳明徹亦夢琳求首並為啓陳主而許之于是與開府儀同主簿劉韶慧等持其首還于淮南權瘞八公山側義故會瘞者數千人瑒等乃間道北歸別議迎接尋有揚州人茅知勝等五人密送瘞至建業即五神也五神居揚州日結為兄弟好畋獵其地舊多狼虎人罹其害山溪畔遇

一老婦五神詢問娼然無親餓食溪泉五神請于所居之廬拜呼為母侍養未久或出獵而歸不見其母五神曰多被虎噉俱奮身逐捕山間有虎迎前伏地就降由此虎患始息後人思其德義立廟祀之凡所祈禱隨求隨應廟今在江都縣東興鄉金匱山之東至隋煬帝時曾護駕有功封號司徒唐加侯號宋至紹定辛卯逆賊李全數來寇境禱于神不吉以神像劃破之不三日全被戮于新塘肢体散落猶全之施于神者乎賊平帥守趙公范親率僚屬致享祠下以答神貺撤其廟而增廣之録其陰助之功奏請于朝賜廟額曰英顯加封至八字侯後平章賈公似道來守是邦有禱于神者遇旱暵則飛雨憂淋潦則返照救焚則熖熸欲雪則瑞應其護國祐民無時不顯復為奏請加封王號

第一位靈威忠惠翊順王　第二位靈應忠利輔順王

第三位靈助忠衛佐順王　第四位靈佑忠濟助順王

第五位靈勇忠烈孚順王

蔣武帝

蔣莊武帝

建康府蔣莊武帝諱子文楊州人也漢末為秣陵尉逐賊至鍾山下擊傷額而死焉及吳先主之初其故吏見子文於道乘白馬執白羽扇侍從如平生故吏見而驚走子文追謂之曰我當為土地神以福爾下民為吾立廟不尓使虫入人耳為灾吳王以為妖言後果有虫入人耳死者甚衆醫巫不能治云尓不祀我當有大火是歲數有火灾又云不祀我當有大疫吳主患之封中都侯加印綬立廟于鍾山更名曰蔣山表其靈異晉蘇峻之難帝夢蔣侯曰蘇峻為逆當助共誅之後果斬峻加封相國太元中符堅入寇望見王師部陣齊整又見八公山生草木皆類人形憮然有懼色初會稽王導聞堅入寇以威儀鼓吹求助於蔣山神及堅望之若有助焉杜祐通典云宋高帝永初二年普禁淫祠自蔣子文以下皆絶之加至相国大都督中外諸軍事封蔣王齊永明中崔慧景之難迎神還臺以求福助事平乃進帝號後新廟宇於庙首門為灵光門中門為興善門外殿曰帝

山内殿曰神居梁武帝常祠而不應遣使典焚其廟未及中途忽風雨大振動宮殿帝權祠之乃止南唐謚曰莊武帝更修廟宇徐鉉奉勑撰碑備載其事因宋朝會要曰開宝八年廟火雍熙四年重建景祐二年陳公執中增修請于朝賜廟額曰惠烈

蠶女

高辛時蜀有蚕女不知姓氏父為人所掠惟所乘馬在女思父不食謂毋因誓於衆曰有得父還者以此身嫁之馬聞其言驚躍振迅竟至其營不數日父乃乘馬而歸自此馬嘶鳴不肯斷毋以女誓衆之言告父父曰誓於人不誓於馬安有人而偶非類乎能脫我之難功亦大矣所誓之言不可行也馬跑父怒欲殺之馬愈跑父射殺之曝其皮於庭皮蹶然而起捲女飛去旬日皮復捿於桑上女化為蚕食桑葉吐絲成繭以衣被於人服一日蚕女乘雲駕此馬謂父毋曰上帝以我心不忘義授以九天仙嬪

三教搜神大全

威濟李侯

侯姓李諱禄安吉州長興縣童莊人也於宋徽宗崇寧三年正月十八日甲申生長而異稟性質顓語不妄發鄉社之人遇有休咎禍福之將至輙能前知而告戒之年十八當宣和三年三月忽預告鄰里鄉社云吾將往山東膠西為國家幹事恐須數年方歸遂端坐而逝遠近相傳莫不異之其後數有靈跡見于本鄉如年穀之豐凶蚕麥之得失皆以傳之巫覡殆若印券契鑰不差毫釐於是父老相率為立香火之地而祠祭之至寧宗開禧三年十一月三日通直郎知長興縣趙準狀申濟惠顯應實跡所陳中州備申朝廷賜廟曰顯應至理宗宝慶元年本縣寄居朝散郎賜緋魚袋陳昂等列狀云諸路州縣境內有因雨暘水旱祈禱感應實有利惠及民例湏保明聞奏更乞特賜封爵以彰神之功烈以慰一方士民之望奉勅封威濟侯

趙元帥

姓趙諱公明鍾南山人也自秦時避世山中精脩至道功成欽奉玉帝旨召為神霄副帥按元帥乃皓廷霄度天慧覺昏梵炁化生其位在乾金水合炁之象也其服色頭戴鐵冠手執鐵鞭者金遘水炁也面色黑而鬍鬚者北炁也跨虎者金象也故此水中金之義躰則為道用則為法法則非雷霆旡以彰其威秦華西臺其府乃元帥之主掌而帥以金輪稱亦西方金象也元帥上奉天門之令策役三界巡察五方提點九州為直殿大將軍為北極侍御史昔漢祖天師脩煉仙丹龍神奏帝請威猛神吏為之守護由是元帥上奉　玉旨授正一玄壇元帥正則萬邪不干一則純一不二之職至重　天師飛昇之後永鎮龍虎名山厥令三元開壇傳度其趨善建功謝过之人及頑冥不化者皆元帥掌之故有龍虎玄壇賞罰之一司部下有八王猛將者以應八卦也有六毒大神者以應天煞地煞年煞月煞日煞時煞也五方雷神五方雷神五方猖兵以應五行二十八將

以應二十八宿天和地合二将所以象天門地户之闔闢水火二營將所以象春生秋煞之往来驅雷役電喚雨呼風除瘟剪瘧保病禳災元帥之功莫大焉至如訟寃伸抑公能使之解釋公平買賣求財公能使之宜利和合但有公平之事可以对神禱無不如意故上天聖號為髙上神霄玉府大都督五方之巡察使九州社令都大提點直殿大將軍主領雷霆副元帥北極侍御史三界大都督應元昭烈侯掌士定命設帳使二十八宿都總管上清正一玄壇飛虎金輪執法趙元帥

格聯

入化出神凛〻威光耀日

駕風鞭電英〻殺氣凌霄

杭州蔣相公

神姓蔣世爲杭州人生宋建炎間樂賑施每秋成糴穀預儲貴則賤糶如無價歲歉或損以予饑者死之日祝其二弟曰須存仁心力行好事里人相與塑其像以報人心所趨靈應如響祈卜者肩相摩咸淳初賜廟額曰廣福六年安撫潛說友請于

朝封神及二弟皆列侯曰孚順孚應孚祐侯

增福相公

李相公諱詭祖在魏文帝朝治相府事白日晉陽間决斷邦国冤滞不平之事夜判陰府是非枉錯文案兼管隨朝三品以上官人衣飯禄料及在世居民每歲分定合有衣食之禄至後唐明宗朝天天成元年　贈為神君增福相公

蒿里相公

蒿里趙相公者乃長安蒿里村人也世本農桑耕鋤為業公習科舉登第為人鯁直无私累陳諫事不聽公乃觸階而死郡人立其祠今在長安西二十里有墳亦在至唐睿宗延和年封公為直列侯俗呼為相公也

靈泒侯

李琚本衞州三用人也周世宗朝為將善騎射於国有功後因病至重有問疾者甚衆公無別語告衆曰我授山東漆河將軍也言訖公卒焉後人立祠于此至唐玄宗開元年封為靈泒將軍至宋真宗大中祥符八年封為靈泒侯

三教搜神大全
三卷
二十四

鍾馗

明皇開元講武驪山翠華還宮上不悅因痁疾作晝夢一小鬼衣絳犢鼻跣一足履一足腰懸一履搢一筠扇盜太真繡香囊及上玉笛繞殿奔戲上前上叱問之小鬼奏曰虛者望空虛中盜人物如戲耗即耗人家喜事成憂上怒欲呼武士俄見一大鬼頂破帽衣藍袍繫角帶靸朝靴徑捉小鬼先刳其目然後擘而啖之上問大者爾何人也奏云臣鍾南山進士鍾馗也因武德中應舉不捷羞歸故里觸殿階而死是時奉旨賜綠袍以葬之感恩祭祀與我主除天下虛耗妖孽之事言訖夢覺痁疾頓瘳乃詔畫工吳道子曰試與朕如夢圖道子奉旨恍若有覩立筆成圖

神荼鬱壘

東海度朔山有大桃樹蟠屈三千里其卑枝向東北曰鬼門萬鬼出入也有二神一曰神荼一曰鬱壘主閱領衆鬼之出入者執以飼虎於是黃帝法而象之因立桃板於門户上畫神荼鬱壘以禦凶鬼此門桃板之制也蓋其起自黃帝故今世畫神像於板上猶於其下書左神荼右鬱壘以除日置之門户也

五瘟使者

昔隋文帝開皇十一年六月內有五力士現於凌空三五丈於身披五色袍各執一物一人執杓子并罐子一人執皮袋并劍一人執扇一人執鎚一人執火壺帝問太史居仁曰此何神主何災福也張居仁奏曰此是五方力士在天上為五鬼在地為五瘟名曰五瘟春瘟張元伯夏瘟劉元達秋瘟趙公明冬瘟鍾仕貴總管中瘟史文業如現之者主國民有瘟疫之疾此為天行時病也帝曰何以治之而得免矣張居仁曰此行病者乃天之降疾無法而治之於是其年國人病死者甚衆是時帝乃立祠於六月二十七日詔封五方力士為將軍青袍力士封為顯聖將軍紅袍力士封為顯應將軍白袍力士封為感應將軍黑袍力士封為感成將軍黃袍力士封為感威將軍隋唐皆用五月五日祭之后

匡阜真人遊至此祠即收伏五瘟神為部將也

司命竈神

按酉陽雜俎云竈神姓張名單字子郭狀如美女夫人字卿忌有六女皆名察即六癸女也白人罪狀大者奪紀紀三百日小者奪筭筭一百日故為天地督使下為地精巳丑日日出卯時上天禺中下行署此日祭得福其屬神有天地嬌孫天地大夫天地都尉天地長兄硎上童子突上紫宮君太和君王池夫人凡治竈於屋中央口向西竈四邊令去釜九寸以塼及細土構之立亦勿令穿析神竈之法也竈神以壬子日死不可用此日治竈當以五月辰日豬頭祭竈令人治生萬倍用犬祭竈凶敗雞毛入竈中至非禍犬骨入灶出狂子正月巳巳日白雞祭竈宜蚕五月巳丑日祭竈吉四月丁巳日祭竈主百事大吉之兆

福神

福神

福神者本道州刺史楊公諱成字昔漢武帝愛道州矮民以為宮奴玩戲其道州民生男選揀侏儒好者每歲不下貢數百人使公孫父母與子生別有刺史楊公守郡以表奏聞天子云臣按五典本土只有矮民無矮奴也武帝感悟省之自後更不復取其郡人立祠繪像供養以為本州福神也後天下士庶黎民皆繪像敬之以為福祿神也

五盗将軍

世畧曰五盗将軍者即宋廢帝永光年間五盗寇也於一方之地作乱為盗后於景和年帝遣大将張洪破而殺之于新封縣之北其五人又作怪盗于此発之者皆呼為五盗将軍也　杜平　李思　任安　孫立　耿彦正

紫姑神

紫姑神者乃萊陽縣人也姓何名媚字麗卿自幼讀書辨利于唐垂拱三年壽陽刺史李景納為妾其妻妬之遂陰殺之於厠自此始也紫姑神死於正月十五日故顯靈於正月也

五方之神

武王伐紂都洛邑天大雨雪甲子朔五神車騎止王門之外欲謁武王王曰諸神各有名乎軍師姜尚稱之尚父荅曰南海之神名祝融北海之神名玄冥東海之神名勾芒西海之神名蓐收河伯名馮修使謁者以名召之神皆驚而見武王王曰何以教之神曰天伐殷立周謹來受命各奉其使武王曰子歲時无廢礼焉按傳共工氏子曰尤主社為后土神少昊子曰重主木為勾芒神顓頊子黎主火為祝融神少昊第二子該主金為蓐收神少昊第三子熙主水為玄冥之神也

南華莊生

莊子本姬姓名周因先世宗父名暘楚莊王第三子也封睢州蒙縣為下楚父暘恬退養高雖貴倨而未有也夫人若敖氏生子志羊弱冠力于儒林無冠冕志妻閭氏續因平王伍子胥之难更姓以楚莊之莊為莊姓愿子孫無忘乃祖意也乃隱姓名雜處于蒙縣之陽隨父母俱亡居喪以礼昭王聞其賢而聘之羊乃身負耟妻持筐又遷于蒙成之東生莊周已與妻王氏躬耕鑿妻紡績日觀魚詢友為樂夜討黄廷經卷及南華經卷遺世周以放達為宏規以全真為内事柳盗蹠聞之不犯其門却孫武之金而不受逃赧王之聘而不起前妻野死哭而不哀次妻憂死歌而不哭遊秦関而師老聃受仙册而點骷髅南遊汨羅而會閭閭大夫于龍王之殿東遊瀛海而覔周太史于弇山之陽秦蹇叔棄令尹而相從于羽化長莊士叩秦関而覔父于仙臺廣成子之為契尹寄生之為遊萬花谷中採藥不徑岩上寃册指點三男于仕籍點化妻骸以返陽登層岩而感蝴蝶之

梦思人生如梦居虎豹而嘆观魚之樂舊事如新既而臨雲海以思故鄉之遊子由子南綦輦分襟永訣友故土而聚骨肉之欣並業並观莊六輩携手帰仙

滿門雲水為家瀛州上明月為朋老君以其徒之與有道也述其首末以聞于

天帝封為協天翊運全真保氣護國庇民慈惠無量大德玄師

三教搜神大全

觀音菩薩

觀音乃鷲嶺孤竹國祇樹園施勤長者第三子施善化身來生於北闕國中父妙莊王姓婆名伽母伯牙氏曩者父母以無嗣故祝于西岳香山寺天帝以其父好殺故奪其嗣而與之女長曰妙清次曰妙音三曰妙善惟妙善生時異香滿座霞光遍室幼而聰達便欵了人間事至九歲力阻父命誓不成姻後因長次二女招及二郎俱不當肯父乃強妙善畢偶無柰善何始禁于後園中善守淨彌篤再捨入汝州龍樹縣白雀寺為妮暗命僧頭夷優寺化喻弗從乃阨以苦行妙善朝吸水暮聽釋晨焚掃晝柴炊毫無难色誠感天使三千八部天龍持護伽藍掃地東海天王掃廚六丁上香遊奕點燭伽雀進茶飛猿進菓白虎啣柴飛瓊毛𤎚滋花八洞神仙献菓夜夜中風雷喧嚇鬼神走動衆妮懼而復命于父父遣五城兵馬忽必力驅兵圍寺焚之而妙善口叩靈山世尊齒嚙玉指噴血成紅雨滅火救寺五百僧咸無恙焉必力再火再息三火三息無柰奏聞父怒命必力

絪押妙善入法場陰以母肯救之盖深愛三女之慈順欲其完髮成婚以攝國政也殊意妙善色不變而志愈堅乃囚以冷宮日夜宮娥父母苦勸妙善不聽反失語激父〻大怒立賜必力斬訖土神忙奏玉帝賜以紅光罩體刀砍刀斷鎗刺鎗截乃賜紅羅絞死彼時一虎跳入負屍而去父曰不孝兒當得惡報盖不知天使猛虎負善入於黒松林中正所以完善之果念也第善一時昏憂真靈杳〻不知去處忽一童子手執幢幡請曰閻君有命逕公主耳善曰何曰聞公主大慈惠十王躬候于步天橋善如命只見鬼門關上牛首號門夜叉秉燭鉄頭掃途入見一剮割獄刑問之曰以罰不忠不孝者流見一舂磨刑曰以罰賤五穀草菅生物者流見一柱銅鍋刑曰以此待豪強也善曰法網何密曰奚啻於是目今獄有刀林以報過口業者氷床以報慾耳目者有抉目括舌刑以報唆哾者又有抽腸刑以報腹劍舌劍者以至推人於穽者以柰河報以笞士女者以鞭鎚報以大壓小者以石壓繒繳禽獸者以虎蛇報以生前過富貴者以餓鬼報以籠絡人者以鎗林報諸獄果報不可勝数殊謂天眼之不昭〻而冥〻

可漏網耶已而諸地王閻長接于金橋之上錦盖緹幪紫雲佈地玉輦棡
迎歌女侍側善謝之曰妾否德敢辱寵招諸王曰聞大慈悲愿侍經筵少
啟萬一善曰阿彌善哉々々殊意合手一誦而天花亂墜地擁金蓮鉄獄
銅枷盡為齊粉而八千餘部之地獄悉空矣凡諸造業者皆脫離地獄步
天堂焉時諸判官奏曰有陽即陰有善即有愿非地獄也何以待寃人則
陽間造惡者將何以警耶此補陽化之所不及未可少也爾來大慈悲說
法而地獄頹矣似此久留則鐵無堅獄天帝聞之有責至矣急請邀反陽
也諸閻車送于孟婆亭而別命獄卒引至黑松林還魂善醒曰吾已昇天
界矣柰何復至此乎沉吟旁草不知去向已而釋伽如來駕雲和南而揖
因戲之曰草廬中堪容並你吾與聊生也善曰柰何以披毛之語瀆我耶
釋曰戲女心且堅矣㦖帶徃香山可乎善不荅曰非別吾釋迦是也特示
女去處善稽首稱謝曰何處曰越國南海中間普陀岩是女去處吾代呼
地龍化一座蓮臺度洋而过于是白虎為之咬木加藍推開福地八部龍
王日夜湧潮四部天王為之柱石善坐普陀岩九載功成割手目以救父

病持壺甘露以生萬民左善才為之普照右龍女為之廣德感一家骨肉
而為之修行普昇天界
玉帝見其福力遍大千神應通三界遂從老君妙樂之奏封為
大慈大悲救苦救难南無靈感观世音菩薩賜宝蓮花座為
南海普陀岩之主賜
父妙莊王為善勝仙官
母伯牙氏為勸善菩薩
大姐妙清為大善文殊菩薩青獅騎座
次姐妙音為大善普賢菩薩白象騎座

王元帥

襄陽洛里姓王名悪字秉誠父諱臣早逝母邵氏遺胎而生帥于貞观時丙申年七月庚申日申時帥幼孤不讀有膂力性剛暴質直市中有不平者直與分憂鋤硬撻横國人服其公且憚其武第多執性不容人分曲直故含怨者衆而仇之不盡泯焉時扶風内名黒虎者與帥同姓遂借其威名强淫人之室女凡殊姿者先摟而後嫁謂之試先紅莫敢誰何後帥聞其昌余醜也怒殺之鄉儔與質於廷帥不跪官枉之而犴焉帥髮倒豎曰汚塗留他則甚余一一殲之以除民害闊步摳衣而上官惧唯唯曰衆隷胥等逄拽力救而釋之得無恙遂至荆襄間有古廟為江怪所占顯靈本方里逝年六月六日會主備牛羊猪各十牢酒十醾免瘟否則人物流血而殁逝會貧苦者幾至鬻男女以徇之悲声盈耳帥悪而燒之廟像両燼怪風大作適值薩真人托藥救瘟以來遂作法反風而滅妖境籍以安諸土主述事以奏

玉帝敕封谿洛王元帥錫金印如斗内篆赤心忠良四字管天下都社令凡有方士奏入者雷厲風行察有大过者立褫之官民不敢少干以私第帥多在天門用事不諳人民隱伏熏以性烈一承天命即拘其寃令人骨悚世人勿犯之可也

三教搜神大全
謝天君

謝天君

天君姓謝諱仕荣字雷行於貞觀初一輪火光如斗直射入山東火焰山界謝恩其父韓其母也師性烈貌悪不屈於豪亦不敗于法為山陰令時寮吏役督司以催科故嚇師以千金師容拾其贓报督怒之無從也因責以苦辯諸若水銀盔甲師以錫餙者應勒以鼓革牛膠師以敗敝敗甲為膠而皮者為甲鼓奏進督害之不足又申以將才陰陷以把隘師郎夜率数兵以襲砍而塞虜心賊又乘敗以襲我虛師又先移塞以伏弩侍之竟保無虞盖彼愈苦而才愈辯事愈險而功愈奇赤心烈節炳于天日誠不虛

玉帝之寵於耳目臣也宜受職于火德天君执金鞭架火輪頭頂道冠以司亢陽之令

大奶夫人

昔陳四夫人祖居福州府羅源縣下渡人也父諫議拜户部郎中母葛氏兄陳二相義兄陳海清嘉興元年蛇母興災吃人占古田縣之靈氣穴洞於臨水村中鄉人已立廟祀以安其靈遞年重陽買童男童女二人以賽其私愿耳遂不為害時观音菩薩赴会歸南海忽見福州惡氣冲天乃剪一指甲化作金光一道直透陳長者葛氏投胎時生於大曆元年甲寅歲正月十五日寅時誕聖瑞氣祥光罩躰異香繞闥金鼓声若有群仙護送而進者因諱進姑兄二相曾授異人口術瑜珈大教正法神通三界上動天將下驅陰兵威力無邊遍勅良民行至古田臨水村正值輪祭会首黄三居士供享心惡其妖恩靖其害不忍以無辜之稺唤命于奈毒之口敬請二相行法破之奈為海清酒醉填差文券時刻以致天兵陰兵未應悮及二相為毒氣所吸適得瑜仙顯靈憑空擲下金鐘罩覆仙風所照邪不能近兄不得脱耳進姑年方十七哭念同氣一系甫往閭山斈法洞王女

即法師傳度驅雷破廟罡法打破蛇洞取兄軒妖為三殊料蛇禀天宿赤翼婁之精金鍾生氣之靈與天俱盡豈能殺得第殺其毒不敢肆耳至今八月十三起乃蛇宿管度多興風雨霖雹暴至傷民稼穡蛟妖出沒此其証也後唐王皇后分娩艱难将至危殆妳乃法到宮以法催下太子宮娥奏知唐王大悅敕封都天鎮国顯應崇福順意大奶夫人建廟于古田以鎮蛇母不得為害也聖母大造于民如此法大行于世專保童男童女催生護幼妖不為災良以蛇不盡殲故自誓曰女能布悪吾能行香普勅今人遂沿其故事而宗行之法多驗焉

圣父威相公　　聖母葛氏夫人

圣兄陳二相公　　聖姊威靈林九夫人九月初九日生

圣妹海口破廟李三夫人八月十五日生

助娘破廟張蕭刘連四大聖者　　銅馬沙王

五猖大将　　催生聖母　　破産靈童

二帝将軍

天妃娘娘

妃林姓舊在興化路寧海鎮即莆田縣治八十里濱海湄洲地也母陳氏嘗夢南海觀音与以優鉢花吞之已而孕十四月始免身得妃以唐天寶元年三月二十三日誕ヒ之日異香聞里許經旬不散幼而穎異甫週歲在襁褓中見諸神像叉手作欲拜狀五歲能誦觀音經十一歲能婆娑按節樂神如會稽吳望子蔣子文事然以衣冠族不欲得此聲于里閈間即妃亦且韜迹用晦櫛沐自嘸而已兄弟四人業商往來海島間忽一日妃手足若有所失瞑目移時父母以為暴風疾急呼之妃醒而悔曰何不使我保全兄弟無恙乎父母不解其意亦不之問暨兄弟贏勝而歸哭言前三日颶風大作巨浪接天弟兄各異船其長兄船飄没水中耳且各言當風作之時見一女子牽五兩(舡蓬桅索也)而行渡波濤若平地父母始知妃向之瞑目乃出元神救弟兄也其長兄不得救者以其呼之疾而神不及護也懊恨無已年及笄誓不適人即父母亦不敢強其醮居無何儼然端坐

而逝芳香聞数里亦猶誕之日焉自是往往見神於先後人亦多見其興從侍女擬西王母云然尤善司孕嗣一邑共奉之邑有某婦醮于人十年不字万方高禖終無有應者卒禱於妃即產男子嗣是凡有不育者隨禱隨應至宋路允迪李富從中貴人使高麗道湄洲颶風作船幾覆溺忽明霞散綺見有人登檣竿旋舞持柁甚力久之獲安濟中貴人詰于衆允迪李富具列对南面謝拜曰夫此金簡玉書所不鮮覯腹而能宣雨露於殊方重譯之地保君綸不辱命者聖明力哉亦妃之靈呵護不淺也公等誌之还朝具奏詔封靈惠夫人立廟於湄洲致守香火百家蠲樸梓材冊艭張矣我　國初

成祖文皇帝七年中貴人鄭和通西南夷禱妃廟徵應如宋歸命遂勅封護國庇民妙靈昭應弘仁普濟天妃賜祠京師尸祝者遍天下焉夫妃生而稟純靈之精懷神妙之慧死而司徹則人無闕司海則水不揚波其造福於人豈淺鮮哉余嘗考之興化郡詩併採之費晶采碑記因畧為之傳者如此

龐元帥
三教搜神大全
四卷
十七

混炁龐元帥

帥姓龐名喬字長清漢江渡口父龐定母姚氏生於漢獻初癸丑年十一月癸亥日丑時世雖篤渡心行菩提待凡往來客無不平等一夕客重陽日夜渡歸急頓遺百金於舡次日泣而訴其情帥出其封帖如也客願委一不受又除夕前二日幼娘孤行晚告以渡柰一日雪禁無有行者氏無處帥留之而火其衣鬻其食凜然尺寸清冽次日雪愈其人蹤絶矣又次日帥忙于應接其父披蓑揭竿而渡娘從之至岸而反江風大作舡撳而渡覆矣帥見而忙跳遊于波隨逝隨沒勢若浮梗直至父處深入而負之至崖而力竭矣無如狂瀾者何則帥沒而父亦墮矣帥失娘在復俱沒負之以出如是者三蓋除夕時鬼夜出沒呌冤取替乃帥固一六之精以坎為府沸濤不能俾之殆而向所渡之氏者非他迺自在觀音化身佛也以故父亦無恙弟帥巳出險方嗚嗚然抱父以泣而數十鬼泣曰余今年當取代無柰為孝子所攘子無輪迴日矣帥聞而鞭之不獲明日又如是泣陰

風颭ㄓ鬼哭悽人呪父以羸弱之質蹈于蒲滂之後其斃死者屢矣師不得已以香塵貼于掌中以火薰其上祝于天而玉帝聞而怜之敕為混炁元帥手執金刀惟天門之出入是命以降陰魔除陽悪秋毫不爽

海神庙

李元帥

帥諱封乃南海上飛航㱿也素剛直絕膂力因鄰有不戴天之寃者帥不平而殺之逃于海神庙中遇五鬼咀嚼又入曰天神到了也帥曰汝何有知曰子等奉神龍命愿為除水恠焉當以金刀贖隨于地窖取刀而化帥曰異哉亦奇遇也倏爾顆賊宰羊醞醮神帥擒降之跳艘而入啟其中皆美男女珠宝等類帥命盡釋之錫金玉遣婦因誓其醜曰女無刼往來商官客無刼民間女而專擊倭與寇之民害者聽衆唯々一日操艇于洋一巨恠翻風捲浪而起帥不知為江豕也曰之豈神命者耶跳浪而劙之涉洋如歩沙渚已而黑颷倒旋驚涛騰空飛花濺天中隱逆鱗而刺髮象嘴而牛鼻身巨如山一尾九火有餘狀如山川之尾盖鱷也傍子十數尾奇鱗異族交翼如黑雲然帥曰前而非也飛而入立其背直刺而出並戮其子與及其餘風浪頓息若平江焉夜神謝曰女功槎客無涯矣余當白之玉帝以酬萬一玉帝乃敕為元帥李先鋒之耽委二將軍為翼帥盖生於

錦江口隋帝壬午年五月五日午時托胎於李芳之妻孫氏云

三教搜神大全
刘天君

劉天君

雜記傳曰師諱後東晉人也生於岷江漁渡中歲次庚子八月十二日酉時母謝氏取水于江而師甬入于波心得浮槎近傍而濟其父刘福公掉而迎之曰何異也而幸不死適貧送于羅真人為侍讀因精于五雷掌訣招風捉雨隨叩響應濟民助国環堵之民議祀之師曰是為名也而逃之民書德因壇其宇而脩焚祈祝于其間一如所祷捷于浮殼継而東京大旱上薦目而耳之嗟咨遍編户焉且曰惟禱于刘君之祠必荅所視上從之果訮靈焉時秋大稔帝悦而敕之為

玄化慈濟真君焉

玉帝而亦以其敕者

敕之以掌王府事

王高二元帥
三教搜神大全
卷四
二十一

王高二元帥

野史傳曰王諱鉄高諱銅王生榕城之南高産薊雍之北二帥各遊仕于中夏而相与遇于羈洛至握手歡焉審其歳皆周厉時壬戌季冬月廿八日晡時遂盟以金蘭不同氣而親若一乳時二帥皆仕于韓王力諫而不聽也欲去之高曰女行塞吾何樂也竟棄之而偕徃終不禄焉一日高出也王詢之人曰逕南嶺焉王驚曰虎穴也伊何之以丹迎之人止之曰生死以之也直行而若無有狀乃高反而咨王之去住人曰為女过南嶺矣王奔之人亦止之曰為予行也而敢後也乃高不遇虎而王遇之王曰小虫將吾友何之力殺之巳而高返王迎之曰吾以女死于虎口高曰非也余覔女路值柳盜跖以為子受擒于彼手刃虎戟而捉之竟言未有獲女也而返二人欣然携手而帰人曰真銅鐵友也凡事旁類此玉帝以為猛獸不能攜其心也遂二帥因封為虎丘長以示訓

田華畢元帥

田華畢元帥

東鄉閭姓田名華者乃正東二七神也雷藏地中寄胎於田間千年石乳鍾氣而生誕時白晝憑空霹靂火光照天風雨驟至帥膝坐大鼇圍其外群蜂哺英以喘至長遂因田為田指華為畢脩鍊于瀧瀘岩下時女媧氏五色土補天百計不成帥助木火之精霹碎玄精之石髓噓噀南之氣爀曙鑄之冶聲吼天地乃塞天漏又鍊五色火雹風雷陣上助軒轅擊苑蚩尤軒轅氏拜以龍師之職師曰余方以外人豈以祿祿自損拂衣而隱于華胥之境因名華焉厥至有唐氏十日并出赤土千里衆星官喻以代天工司者帝震蟄起滯為天地立心洪爐造命乃奉帝旨駕雷車擁電旆雲路風馳日月秉燭官騎龍尾臣箕翼是時雨暘時爲流及漢末妖魔縱橫奸淫百出

玉帝封以雷門畢元帥之職敕掌十二雷庭輔

玄天上帝誅瘟役鬼上管天地潦涸下糾群魅出沒中擊不仁不義等輩

雷令

田呂元帥

呂元帥之父乃蒼龍之精帥其子也昔蒼龍為慈濟真君所逐隱入西蜀黃沙洞暗窺龎氏美艾而妻焉半載有寄真君覔至而尤化乃氏亦驚匿於田中真君飛劍指龎氏之腹而胎落固孩身而龍首也爾時雷雨暴至夫謂見龍在田非耶真君既逼其父不忍破其胎以及其子也育撫之因田其姓雨其諱也六歲時送徒于張真人帳下曰侍不倦因表而字之曰全靈自張真人步虛後而帳與天雷令等法不俱焉帥竊覰以心帥之傚錄于紫華山中忽然思身所出之原弗得也老道士誠之曰而翁元金之贋而母則龎右老嫗而叟瞋是也帥泣負而事之服勞不倦不數載洛母所以別父之故乃母云云帥日夜思之曰此一行也雖而父不法之過而真君以逼父於何處陷母佌傺于何歸足恨也自思不報非孝也有恨不洩不武也行而不斷非夫也伊何人斯挾術而刼而父而亦何不罄所享而雪父耻耶遂突起而裂帳為旗折竿為戚噴水為霧擊令為雷憑虛而

行于太虚中遍詢真君行藏正值十二小妖截路空亡帥怒展旗幔于帳
已而與戰不解
玉帝親召而帥之曰真君為民除害弗可妖仇也十二空亡不可刃也其
與帥釋其恨而愿隨鞭鞸於三界行在以降妖幔邪元帥之職因而以左
執雷令右執黃旄而上列於負屏之左

黨元帥

帥懷州人澄深精研第貌黑而心不黑內不庇親外不避仇任晉昭察使時留刑無定惟人所入上任見下任奸帥獨平心不照兼以廉明真僞如見扞廷無冤獄下民無怨辭三載中而閭謠之曰黨不黨黑見五臟案臨籍秉天日黑判官人皃泣何家宰相民考妣盖黨其姓黑其貌婦藉者其諱而何其翁之諱也故曰何家宰相母陳氏生帥于元祐丁未年九月丁卯日未時主時人見有二三十兒童旗旛蔽路鼓樂沿堤扛一小兒以來人問之答曰一路福星也享壽九十七

玉帝封之帥以蒺藜樋掌考校以察天下惡過焉

石帥

石元帥

野録曰帥相溪人氏諱神毓於周宣王七年三月初四日申時乚風雨驟至龍掛宜表鄉人號乃父文甫若母韓氏曰阿兒龍種也夫帥性敏淨長遊閩中受業於閩尹子結廬於眉山之陽適當令赤土千里百木黃落鱗不得尺水以鼓其鬣樵叟輩袒肩汗顏相與聚訴于廬曰周于黎民靡有孑遺帥愀然不曰愧不龍耳彼蠢茲若虺若虵且以伸蟄揚波吐氣成雲為天下作甘霖柰何含淳而且不及一焉則丘稗而牛嗜足恨也抑鬱而思曰昔有桑林之禱何為也㦲夫非剪爪髡髮者乎惟誠動天亦弗誠耳遂休浴更衣明馨于爐薦虔於盂再拜而祝民從之倏雨滂驟至平地滿三尺殊憶帥之再拜不起而不知其化矣已而行人報曰帥乘馬東行旌儀羽㦸旗擁百餘謂從者曰為我謝諸而輩也余奉

玉帝敕莫能留耳幸勿予責

上帝封為五雷之長典威福擊伐事

三教搜神大全

副應元帥

師性嚴整目不瞬而心匪石不假人顏色幼科不第而善志厲行於山僻間夜有九尾狐精托幼婉行狀叩扉以入獻百媚以求一盼師讀而然啓朱唇以求一售師讀而然吹日敲牕低語師閉户而已妖以色不迷恠可駭遂幻為魑鈴眼而螺角龍唇而虎口乾柴身巨人履足踏于几手抬于榱火焰眼鼻如噴師色不変乃坐而言曰女非夜半之所啓門自獻者耶何嚇余耶余豈而嚇者耶遂以所點易之硃以擲之妖歛形作丫環而謝曰君天神也異日天詔為竟察魔師幸宥婢從師曰女洗而行可矣嬙歛衽而退已而

玉帝降旨迎師授以金鑑糾邦之戒師蓋泰山下人氏副賀公之遺脉母歐陽氏萃中嶽之秀而降凡于乾符九年壬寅年壬寅月壬寅日寅時師別號泰宇

槃瓠

槃瓠狗神今長沙武陵蠻之祖廟在盧溪縣之武山按高辛氏有犬戎患募能得犬戎呉將軍頭者妻以少女時帝有畜狗名曰槃瓠遂入山啣人首赴闕下果呉將軍頭也帝大喜然槃瓠畜類不可妻欲他報之女聞以為信不可失請行帝不得已從之槃瓠得女負入南山石室中踰三年生六男六女分為六姓藍胡侯盤余竹至今廣福近海有之俗名畬客槃瓠死男女自相婚配母婦以狀白帝使迎置諸子衣裳斕斑言語侏㒧其後滋蔓今武陵蠻是也至今土俗不食犬肉廟有威靈也

楊元帥

凡師也楊師特以地祇授之何曰寵異也何寵異曰以師能為后祇任耳目也曰手執武士何故曰后祇為方澤承青帝行天道操堅凝以尸其出迎夬逅以尸其入于時為凉於數爲逆于氣為藏持肅殺握秋霜惟師則武力執武士以殺為威掣人之所不能掣此則上帝所以敕師之意也曰将安効勤曰下察五方之凶穢幽按十二闇君之横縱陽糾人間圀圖之曲直陰鑯㑭嶽之魑魅為隤府碙門之長至巨任也然則師何脩以至此曰守法耳師時任漢廷尉長案盗主玩器者以贓宪帝欲廷殺之不聽案以妄倖侮官傢者以笞殺帝以賫赦之而不聽案三老中之贓吏者臺臣以勢請之而不顧案故友以撓法罷者賄以千金而不瞬目曰汝污累欲人共分謗耶凡此其大較也夫師勇力精進允若慈雖與共楊州事察人鬼斷凶頑校牛頭馬首之関剖岩林水國之藏無不可者然師生時鄰驚喊有飛虎至者已而楊公家婆徐氏毓師於庚申年十月十六日亥時焉

此則師諱名彪之意而人豪杰如此

高元帥

高元帥

帥受炁於始元太乙之精托胎於蒼州高春公家母梅氏甲子年十一月甲子日子時生下一團火光曜曰父母以為恠投之江藥師天尊抱之為徒貌如冠玉法名員授仙劑以遊世凡猿劈腦猴遭彈求醫帥破駁鴕破胎帥破出之鶴完頂鶴頂腦帝以蟥蟬寺頭以起之虎硬喉遭蟬蜍毒帥以蛇骨化之諸奇症隨手安痊適遇一仙木樗腹而腰口血水漉漉不止帥怜而補之仍以瓊花之露及天合之皮而孔如天然不意神虫死其中也乃托于人言曰信而術亦大造中之生生人也汝能去病于肘腋隨甲之下以活世耶曰可即制以灸鬼之法以濟曰東南一古栢女生之乎曰可以观音净壷甘露滋之而萌生曰西北一腹裂者女合之乎曰可即以去痛之藥調以神水咒昜以腹腸蒙以生肌之散而痊曰今士大夫之家多姙女胎之乎曰可即以紫英陽起等石繼以寄生神散密推化生神符神虫思無以窮其報者密以金蚕殺氏謂帥曰今如何夫醫一生即殺數草是活一而枯百也况胎孕乃權于天汝欲

以命扭是未必生而傷一死也汝何能全乎托命于抱樗之中彼非有死機也亦何賴于女而強醫之欝乎以死彼未德而余之何仇女亦淂以普濟之仁而無偏耶師語塞而嘆曰信不能兼也女與嬪而以醫死諸在匕感德枯謝之遂和以回生之術而甦之遍遊于方内外生之甚衆

玉帝憫其為仁亦苦矣以為足為帝之心為物造命者遂封以

九天降生高元帥之職

靈官馬元帥

詳老師之始終凡三顯聖焉原是至妙吉祥化身如來以其滅焦火鬼墳有傷於慈也而降之凡遂以五團火光投胎于馬氏金母面露三眼因諱三眼靈光生下三日能戰斬東海龍王以除水孽繼以盜紫微大帝金鎗而寄靈于火魔王公主為兒手書左靈右耀復名靈耀而受業於太惠盡慈妙樂天尊訓以天書凡風雷龍蛇驅鬼安民之術靡取不精乃授以金磚三角変化無邊遂奉玉帝勅以服風火之神而風輪火輪之使收百加聖母而五百火鴉為之用降烏龍大王而羽之翼斬楊子江龍而福于民屢歷艱險至忠也帝授以左印右劍掌南天事至顯也錫以瓊花之宴金龍太子爲之行酒至寵也殊憶太子傲侮怒師火燒南天關遍敗天將下走龍宮中戰離婁師曠偕以和合二神仍筈金龍以洩其憤至不得已又化為一包胎而五昆玉二婉蘭共産於鬼子母之遺體又以母故而入地獄走海藏歩靈臺過酆都入鬼洞戰哪吒竊僊桃敵齊天大聖釋佛為之

解和至孝也後復入于菩薩座左至慧也玉帝以其功德齊天地而敕元帥于玄帝部下寵以西方領以答下民妻財子祿之祝百叩百應雖至巫家寃枉祈禱之宗悉入其部直奏天門雷勵風行焉

孚祐温元帥

帥姓温名瓊字子玉後漢東歐郡人今浙東温州是也世居白石橋祖宗世隱顯父諱望舉儒苐明經中科第廼歎於嗣以為非孝也同妻張氏禱懷字道輝禱於后土時夜夢金甲神持巨斧手托一顆明珠以惠張氏云我乃六甲之神玉帝之將欲寄母胎托質為人母還肯麽張氏諾曰女流無識聖賢顯華何取方命其神委珠于懷而醒張氏因而含靈一十二月祥雲繞室異香馥座已而誕生於後漢順帝漢安元年辛巳五月五日午時時沐妊姊曰此兒左脇有符文二十四篆右脇有文符十六篆人莫能識已而隱其朱畫乃以其所夢神惠玉環名之曰瓊字子玉幼而神明七歲李步天星十歲通儒經傳子史天文等書靡所不通十九歲科第不中二十六歲明經射策亦不中忽然嘆曰男子漢生不致君澤民死當助帝誅奸馘邪以醻吾志遂留偈云孝弟為本忠心為先寬仁容恕立身無偏便脩清淨契合真玄若奉吾道何憂不仙吾隨左右呼召立前鬱抑閒忽

朱元帥

帥姓朱諱彥夫法號為躰元昔胎寄於崑崙山頂毓於癸亥年十月癸亥日時乃六氣之精黒霾四時不散而成形藍青其躰蚕眉巨眼飱霞為乳吸露為漿旣長遂以胎元為袋〻人物七日化為鉄水布六氣為六殺神時發陰翳慢空日月無光民無良善並痛其毒天下幾長為混沌世矣爾時玉帝惡其民害也捉殺之帥最袋為雄無不為囊中物者命玄天親譴亦不比坎比躰之故而莫能近盖惡氣逼人也太清助以逍遙扇以扇其妖氛命謝天君以火德星入其囊以燒其槖帥無能為也帝獲以劍指之曰汝能從我遊无以遍及人也獨於不信道法者以之處囊中爲以警將來吾能受汝元帥之職以察詆侮聖賢帥唯〻受戒乃左金鎚右皂袋而威顯

張元帥

山東寧海縣有張姓名綎師乃父也毋黃氏夢金甲神而生師因名健誕於則天癸卯歲八月癸卯日酉時師幼而聰俊長而神清貌似靈官美髭精鑒史由科第官至剌史深諳人間事耳听政口辨冤筆僉禁立断而民不冤焉且仁直剛兼時上鍾意於年少俊士詔貢以千計選應運花不給之役師恥之以時多瘟疫無中選者報国人賴以安焉作生祠而祀之玉帝以為不曲不阿忠之屬也且才辨干給健之屬也直以飛揵報應之職師之以共天門寄心膂又褒以盡忠錫以瘟搥加以二郎金盔以兼理痲痘役專以保童為司命之官也作福者詳之

辛興苟元帥

古雍州界地有神雷山至驚蟄時雷氣發揚于二月為卯於令為震雷門
布鼓之神威氣閃赫無物不折至夏秋雷藏地中作鷄狀入于谿岩内旹
八月雍氏新姓名興者字震宇母張氏家貧賣薪以養母至憝苦一日往
雷山采薪計值凿岩中成鷄形者五師喜心曰可為進膳資耳竟獲以歸
進之母々適鋪掇内衣授之納于鷄柵者四隨以内衣覆其上而欲烹其
一神鷄作人言曰予雷耳不可啖也乞宥一剮之恩嫗弗允則雷霹靂而
起母破膽昏踣焉師賣薪携醴以入抱母屍而哭曰予何極也抑至此邪
乃拭淚目其背有金痕曰混一之氣青帝之英威令所加莫予敢攖劈惡
誅邪惟吾司命乃知雷也蓋泣而訴之昊曰母非惡非邪也胡不以殛邪
而殛母耶矧宥天下之為惡者鷄名也遂並柵之雷鷄而搥之乃雷為内
衣所掩竟不能震第莫為碎耳英氣冲虛而雹雨風霾交至欲下擊狀哀
其為母故而怜之遂变為道士進而揖曰孝子獨不畏雷而反制雷吾雷

神悞以傷而母而母以怨也余等愿惟而聽命以謝厥罪因奉十二火丹
啖之帥遂易形妖其頭喙其嘴翼其兩肩左尖右槌脚踏五鼓而昇化毋
飈而去天帝感其至孝也迎而封之為
雷門苟元帥與畢帥共五方事往來行天剪幽明中邪魔鬼惡

鐵元帥

鐵元帥

維殷末世魔王現世負靈者胎生版蕩于中華恣毒者以幻化嶮巇于谿谷出没盤結妖帳太虛玉帝聞太乙真人奏詔六丁入胎於石城顔氏之寥有母無父因以鐵為姓而頭其名生于商辛丙午年五月七日寅時帥幼而武勇氣排山岳膽落天地力倒九牛殺殺烏兎于氷潁之陽降火馬于陰山之北殲魔鬼于野火廟中擒妖狐于紫虛楼下浮江亂河截靈蛇玄亀于涿混之渚玄帝方以坎離二禁故而闢雲于九天之下正值帥之勇推山海乃踏亀蛇邀帥歩虛以同昇封為猛烈元帥分任玄冥之寄矣

太歲

太歲殷元帥

師者紂王之子也母皇后姜氏一日后遊宮園見地巨人足跡后以足踐之而孕降生師也肉毬包裸其時生下被王寵愛妃名妲己冒奏王曰正宮産恠王命棄之狹巷牛馬見而不敢踐其體王又命投之于郊鳥鵶蔽日白鹿供乳適金鼎化身申真人經過但見祥雲藹藹紫氣騰騰毫光四起真人近而視之乃一肉毬曰此仙胎也將劍剖毬得一嬰兒即抱歸水濂洞求乳母賀仙姑哺而育之法名唫叮呶正名唫哪吒又緣其棄郊之故而乳名殷郊年將七歲同乳母後園遊翫母曰汝非吾子乃紂王子因听信偏妃妲己之言將汝爲妖汝母墜樓而死師感泣竟見真人具道欲報殺母之仇真人曰吾兒年幼不可去也師堅請去真人曰汝果有此愿力報母亦孝思也但即往天妃八宝洞中取何宝物爲使方可前去師往取黄鉞金鐘而見真人曰取此何也荅曰此物好誅妖昏是時真人口中不語臉帶微笑意許如此只恐年幼不能奮力令往取兵書訓汝先乘海

馬下山收二強人為副帥領命即收䕫神鴉將帯歸見真人又命再往掃
幕山收得十二強人方可征商帥不知強弱乃十二喪門哭鬼骷髏神師
即往盡戮之懸首掛頸胸而回真人曰此骨非他也能助陣一鼓鬼哭神
驚人頭昏悶手軟不戰自退於是指帥助武王而伐紂至牧野率雷震等
前鋒顯威殺商士前徒倒戈自戮血流標杵當先趕至摘星樓上正值妲
巳元是妖雉亡國日迷主精夜吃人血後見紂敗欲顯聖化去被帥威嚇
斂形擒見周王命戮妲大挺妖容炫目無忍殺者帥抱忠憤孝義不荒於
色劈斧誅之妖散光化道黑烟而没
玉帝聞有孝義之思又有斬妖之勇遂召勑封
地司九天遊奕使至德太歲殺伐威權殷元帥

斬鬼張真君

公姓張名巡妻劉氏妾柳氏唐玄宗時進士出身官拜睢陽令遭安禄之变史思明等叠天亂四郊版蕩公負孤城臨機應变不依古法前後三百餘戰百戰百克保障軍中罷械無一不取之敵者第公性剛烈每篆發髮豎齒落則見其始以背城奪旗鼓繼以艾蒿殺思明收萬矢於束草出奇之際整威武于坐食野戰之場明忠義於泣廟之餘識人倫於天道之頃知將令於雷將軍之時堅士志于殺妾烝骸之表洩貞義於厲鬼殺賊之詞至今霽將軍嚙指于鄰以示信諸軍伍羅雀炙鼠木食而不携然不屈于畔逆之遍罵不跪於鋸解之吁嗟堅貞凜冽曜天射日真古天地一孤忠哉後唐宋歷封為

宝山忠靖景佑福德真君

康元帥

帥負龍馬之精而生於黃河之界父康衢母金氏娠時仁皇炎德九年庚申戊寅月庚辰日戊寅時帥生而慈惠不傷胎不折夭不虐孤寡不履生氣雖蟲頑蠢動而虫蠓者不輕殺焉食以残紅飲以醇漿時有鶴雛為隼所得折翼而下卧收而哺之後鶴含長生章而報公之鄰里蒼生之士處以病者四方謂之能仁聲聞于天〻帝亦以民之所稱者封之曰仁聖元帥以掌四方都社令焉帥乃左執金斧右執瓜鎚與玉璽相周旋

風火院田元帥

帥兄弟三人孟田苟留仲田洪義季田智彪父諱鐫母姓刁諱春喜乃太平国人氏唐玄宗善音律開元時帥承詔樂師典音律猶善于歌舞鼓一擊而桃李甲笛一美而响遏流雲韻一唱而紅梅破綻雞一調而庶明風起以教玉奴花奴盡善歌舞後侍御宴以酬帝墨塗其面令其歌舞大悅帝顏而去不知所出復縁帝母感恙瞑目間則帥三人翩然歌舞鞾笳交競琵絃索手已而神爽形怡汗焉而醒其痾起矣帝悅有海棠春醒高燭照紅之向而封之侯爵至漢天師因治龍宮海藏疫鬼倡徉作法治之不得乃請教于帥帥作神舟統百萬兒郎為鼓競奪錦之戲京中譟噪疫鬼出觀助天師法斷而送之疫患盡銷至今正月有遺俗焉天師見其神異故立法差以佐玄壇勅和合二仙助顯道法無和以不合無順恙不解天師保奏

唐明皇帝封冲天風火院田太尉昭烈侯

田二尉昭佑侯　田三尉昭寧侯
圣父嘉濟侯　聖母刁氏縣君
三伯公昭濟侯　三伯婆今夫人　竇郭賀三太尉
金花小姐　梅花小娘　勝金小娘
萬回圣僧　和事老人　何公三九承士
都和合潘元帥　天和合梓元帥　地和合柳元帥
斗中楊耿二仙使者　送夢報夢孫喜　青衣童子
十蓮橋上橋下棚上棚下歡喜耍咲歌舞紅娘粉郎圣衆
岳陽三部兒郎百萬圣衆云云

孟元帥

孟元帥

帥有姓孟名山者仁義孝慈萬古不磨至今賞人心愿者觀其為獄官釋囚一事足卜其槩夫囚法所不貸至不可以信義感易知也帥以残冬思親動闔門数百之泣皆切慕親曰而獨無母乎無相見也帥哀其懷膝下想遂泣與囚約囚亦泣與帥約至今冬廿五日而釋来正初五而還果不爽一焉帥遂以為例焉久之私心謂曰囚何斯乃一念思親孝也信而四時義也既信義孝且義可語善矣因戲之曰倘赦行女等復善麼囚泣曰誰而死心耶等輩一悞安肯再悞第所謂囚人虛談耳帥曰汝改處余尽釋之囚泣曰是閻王殿上輪廻耳第孑去君奚以脫等以汝活汝且以等死等活不如死帥曰以一死活百人之命何慮焉衆囚皆泣曰君何辜吾死分也夫君寬待以覿而親思莫加焉又為出死以重厥罪夫螻蟻惟貪生亦奚忍其心至此乎不為也一囚大泣曰君言此徒令人心骨悚耳帥曰真言哉囚咽哽而言曰君毋為然只此言令人碎身难報也帥聞之亦

涕曰予自有脫計衆問之師曰勿問因曰誠而全愿听甚勿自苦也皆拜之各漸々而去最祝之曰愿天相吉人無為縲且世其昌孚不意府主滕公知而笞叱之曰八百因鈌一無生還也譴之捕焉師思曰死何怨弟復命難矣躊躕久刺鎗于窖自殺凡三踴躍而白兎三倒其鎗忽龐眉者曰上有敕師恒為府君命也急而出則車馬旗士引焉遥拜

玉帝敕為酆都元師遂後於其帽上加瓔花一朵時師尚未釋其鎗于手即加黄龍鎗焉乃知封也事聞于府時太府亦申文于上乃

趙國祊亦像其廟而加以将軍號焉並贊之曰将軍兮萃廣西之靈仗義兮生八百之蒼黎感諸奴兮盡面以從新義被一方兮皆可封之餘馨恢厥犴兮廣哉孚于空囹厥父其浩兮亦積善之苗裔母郭氏兮紹太姒之徽音昭彼行兮以礪萬人凡吾民兮無入于徽纆生于戊申八月十二日而沒于庚辰冬也謹弁其始終以録

慧遠禪師

釋慧遠本姓賈氏鴈門樓煩人也弱而好書年十三隨舅令狐氏遊學許洛故少為諸生博綜六經尤善莊老性度弘偉風鑒明拔雖宿儒英達莫不服其深致年二十一欲度江東就范宣子共契值石虎已死中原寇亂南路阻塞志不獲從時沙門釋道安立寺於太行恒山弘讚像法聲甚張聞遠遂往歸之一面盡敬以為真吾師也後聞安講波若經豁然而悟便與弟慧持投簪落髮（音采）委命受業既入乎道厲然不群常欲總攝綱維以大法為已任精思諷持以夜續晝貧旅無資緼纊常闕而昆弟恪恭終始不懈有沙門曇翼每給以燈燭之費安公聞而喜曰道士誠知人矣年二十四便就講說嘗有客聽講難實相義往復移時彌增疑昧遠乃引莊子義為連類於惑者曉然是後安公特聽慧遠不廢俗書安有弟子法遇曇徽皆風才照灼志業清敏並推服焉後隨安公南遊樊沔偽秦建元九年秦將符平寇幷襄陽道安為朱序所拘不能得去乃分遣徒衆各隨所之

皆被誨約遠不蒙一言遠乃跪曰獨無訓勗懼非人側安曰如汝者豈復
相憂遠於是與弟子數十人南適荊州住上明寺後欲往羅浮山及屆潯
陽見廬峰清淨足以息心始住龍泉精舍此處去水本遠遠乃以杖扣地
曰若此中可得栖立當使朽壤抽泉言畢清流涌出後卒成溪其後少時
潯陽亢旱遠詣池側讀海龍王經忽有巨蛇從池上空須臾大雨遂以有
年因號精舍爲龍泉寺焉陶侃經鎮廣州有漁於海中見神光每夕豔發
經旬彌盛怪以白侃侃往詳視乃是阿育王像即接歸以送武昌寒溪寺
寺主僧珎嘗往夏口夜夢寺遭火而此像屋獨有龍神圍遶珎覺馳還寺
寺既焚盡唯像屋存焉侃後移鎮以像有威靈遣使迎接數十人舉之至
水及上船船又覆沒使者懼而反之竟不能獲及遠創寺既成祈心奉請
乃飄然自輕往還無梗於是率衆行道昏曉不息釋迦餘化於斯復興自
遠卜居廬阜三十餘年影不出山迹不入俗每送客遊履當以虎溪爲界
以晉乂熙十二年八月初三卒春秋八十三

鳩摩羅什禪師

鳩摩羅什此云童壽天竺人也善經律論化行於西域及東遊龜茲音丘慈龜茲王為造金師子座以處之時符堅僭號関中関外國前部王及龜茲王弟並來朝堅堅引見二人說堅云西域多產珎奇請兵往定以求内附至堅建元十三年正月太史奏云有星見外國分野當有大德智人入輔中國堅曰朕聞西域有鳩摩羅什將非此耶即遣使求之至十八年九月堅遣驍將呂光率兵七萬西伐龜茲臨伐堅餞光於建章謂曰夫帝王應天而治以子愛蒼生為本豈貪其地而伐之正以懷道之人故也朕聞西域有鳩摩羅什深解法相善閑陰陽為後孛之宗朕甚思之賢哲者國之大寶若尅龜茲即馳驛送什光軍未至什謂龜茲王白純曰國運衰矣當有勍敵從東方來宜恭承之勿抗其鋒純不從而戰光遂破龜茲殺純立純弟震為主光既獲什載與俱還中路置軍於山下將士已休什曰不可在此必見狼狽宜徙軍隴上光不納是夜果大雨洪潦暴起水深數丈死

者数千光始寤而異之什謂光曰此凶亡之地不宜淹留推遷揆数應速
言帰中路必有福土可居光從之至凉州聞符堅已為姚萇所害光三軍
縞素大臨城南於是竊號関外年稱大安大安二年正月姑臧大風什曰
不祥之風當有奸叛然不勞自定也俄而梁燕彭晃相継而反尋亦殄滅
至光龍飛二年張掖臨松盧水胡沮渠男成及弟蒙遜反推建康太守段
業為主遣庶子秦州刺史大原公纂率衆五萬討之時論謂業等烏合纂
有威聲勢必全尅光以訪什什曰觀察此行未見其利既而纂敗績於合
黎俄又郭馨奴昆切作亂纂委大軍輕還為馨所敗僅以身免光中書監張
資文章士光甚器之資病光廣求救療有外國道又自云能差資疾光喜
給賜甚重什知又言詐告資曰又不能為徒煩費耳冥運雖隱可以事試
也乃以五色絲作繩結之燒為灰以投水中灰若出水還成繩者則疾難
愈須臾灰聚浮出復繩本形既又治無效少日資亡頃之光又卒子紹襲
位数日光庶子纂殺紹自立稱元咸寧咸寧二年有猪生子一身三頭龍
出東廂井中到殿前蟠卧比旦失之纂以為美瑞號大殿為龍翔殿俄而

有黑龍升於當陽九宮門號為龍興門什奏曰比日潛龍出遊豕妖表異龍者陰類出入有時而今屢見則為災生必有下人謀上之變宜尅己修德以答天戒纂不納與什博戲殺棊曰斫胡奴頭什曰不能斫胡奴頭胡奴將斫人頭此言有旨而纂終不悟光弟保有子名超超小字胡奴後果殺纂斬首立其兄隆為主時人方驗什之言也什停涼積年呂光父子既不弘道教故蘊其深解無所宣化符堅已亡竟不相見及姚萇僭有關中亦挹其高名虛心要請呂以什智慧神解恐為萇助不許東入及萇卒子興襲位復遣敦請弘始三年三月有樹連理生于廟廷甚茂漸變為茝以為美瑞謂智人應入至五月興遣隴西公碩德西伐呂隆隆軍大破至九月隆上表歸降方得迎什入關以其年十二月二十日至長安興待以國師之禮甚見優寵初杯度比丘在彭城聞什在長安乃歎曰吾與此子戲別三百餘年杳然未期遲有遇於來生爾什未終少日覺四大不審乃口出三番神呪令外國弟子誦之以自救未及致力轉覺危殆於是力疾與衆僧告別曰因法相遇殊未盡心方復後世惻愴何言自以闇昧謬充傳

譯凡所出經論三百餘卷惟十誦一部未及刪繁存其本旨必無差失願凡所宣譯流傳後世咸共弘通今於衆前發誠實誓若所傳無謬者當使焚身之後舌不焦爛以弘始十一年八月二十日卒于長安是歲晉義熙五年也即於逍遙園依外國法以火焚屍薪滅形碎惟舌不灰爾　德輝按原本缺失此半葉據明釋藏城字號永樂御製神僧傳補

佛陀耶舍禪師

佛陀耶舍此云覺名罽賓人婆羅門種世事外道有一沙門從其家乞食其父怒使人打之父遂手脚攣躄不能行止乃問於巫師對曰坐犯賢人鬼神使然也即請此沙門竭誠懺悔數日便瘳因令耶舍出家為其弟子時年十三常隨師遠行於曠野逢虎師欲走避耶舍曰此虎已飽必不侵人俄而虎去前行果見餘殘師密異之至年十五誦經日記二三萬言所住寺常於外分衞廢於誦習有一羅漢重其聰敏恒乞食供之至年十九誦大小乘經數百萬言年二十七方受具戒後至沙勒國時國王不豫請僧齋會太子見而悅之請留宮內供養羅什後至復從舍受學甚相尊敬後羅什往龜茲為呂光所執舍停十餘年乃東適龜茲法化甚盛時什在姑臧遣使要之欲去國人留之停歲許後語弟子云吾欲尋羅什可密裝衣發勿使人知弟子曰恐明日追至不免復還耳耶舍乃取清水一鉢以藥投中呪數十言與弟子洗足即便夜發比至旦行數百里問弟子曰何

所覺耶答曰唯聞疾風之響眼中淚出耳耶舍又與呪水洗足住息明日國人追之已差数百里不及行達姑臧而什已入長安聞姚興逼以妾媵勸爲非法乃歎曰羅什如好綿何可使入棘林中什聞其至姑臧勸姚興迎之興未納頃之興命什譯出經藏什曰夫弘宣法教宜令文義圓通貧道雖誦其文未善其理唯佛陀耶舍深達幽致今在姑臧願詔徵之一言三詳然後著笔使微言不墜取信千載也興從之即遣使招迎厚加贈遺悉不受乃笑曰明旨既降便應載馳檀越待士既厚脫如羅什見處信未敢聞命使還具說之興歎其慎重至長安興自出候問別立新省於逍遥園中四事供養並不受時至分衛一食而已耶舍先誦曇無德律僞司隸校尉姚爽請令出之乃試耶舍令誦羌籍藥方可五萬言經一日執文覆之不誤一字衆服其強記即以弘始十二年譯出四分律凡四十四卷并出長阿含等涼州沙門竺佛念譯爲秦言道含筆受至十五年解座興䞋耶舍布絹萬匹悉不受道含佛念布絹各千匹名德沙門五百人皆重䞋施耶舍後辭還外國至罽賓得虚空藏經一卷寄賈客傳與涼州諸僧後不知所終

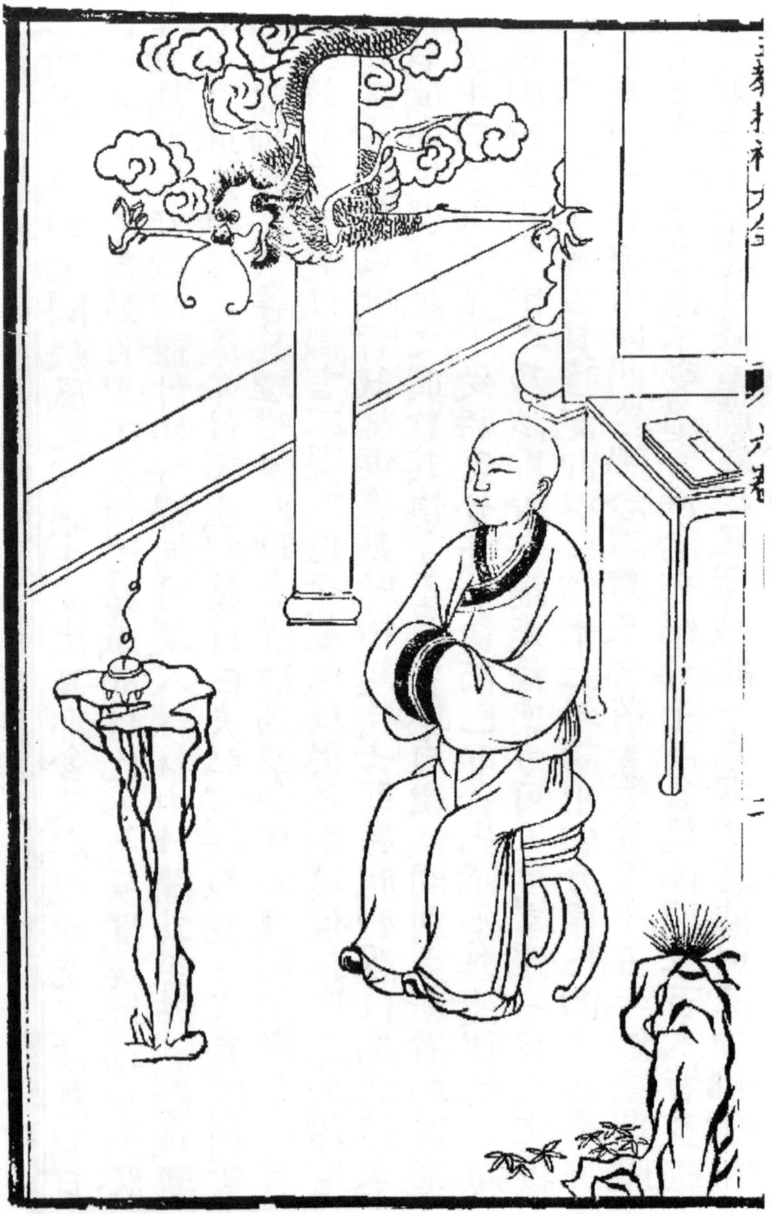

曇無竭禪師

釋曇無竭此云法勇姓李氏幽州黄龍人幼爲沙彌便修苦行持戒誦經爲師僧所重嘗聞法顯等躬踐佛國乃慨然有忘身之誓遂以宋永初元年招集同志沙門僧猛等共賫旛蓋供養之具遠適西方初至河南國仍出海西郡入流沙到高昌郡經歷龜茲沙勒諸國登葱嶺度雪山進至罽賓國禮拜佛鉢停歲餘學梵書梵語求得觀世音受記經梵文一部復西行至辛頭那提河緣河西入月氏國禮拜佛肉髻骨及覩自佛水船後至檀特山南石畱寺住僧三百餘人雜三乘學無竭停此寺受大戒復行向中天竺界路既空曠唯賫石蜜爲粮雖屢經危棘而繫念所賫觀世音經未嘗蹔廢將至舍衛國中野逢山象一群無竭稱名歸命即有師子從林中出象驚惶奔走後度恒河復值野牛一群鳴吼而來將欲害人無竭歸命如初尋有大鷲飛來野牛驚散遂得免之後於南天竺隨舶汎海達廣州其所譯出觀世音受記經今傳于京師後不知所終

三教搜神大全

佛馱跋陀羅禪師

佛馱跋陀羅此云覺賢本姓釋氏迦維羅衛人甘露飯王之苗裔也幼喪父母從祖鳩婆利聞其聰敏兼悼其孤露乃迎還度爲沙彌至年十七與同學數人俱以習誦爲業衆皆一月賢一日誦畢其師歎曰賢一日敵三十夫也及受具戒修業精懃博學群經多所通達少以禪律馳名常與同學僧伽達多共遊罽賓同處積載達多雖服其才明而未測其人也後於密室閉戶坐禪忽見賢來驚問何來答云蹔至兜率致敬彌勒言訖便隱達多知是聖人未測深淺後屢見賢神變乃敬心祈問方知得不還果常欲遊方弘化備觀風俗會有秦沙門智嚴西至罽賓覩法衆清淨乃慨然東顧曰我諸同輩斯有道志而不遇真匠發悟莫由即諮詢國衆孰能流化東土僉云佛馱跋陀其人也嚴既要請苦至賢遂愍而許焉於是捨衆辭師裹粮東逝步驟三載綿歷寒暑既度葱嶺路經六國國主矜其遠化並傾懷資奉至交阯乃附舶循海而行經一島下賢以手指山曰可止於

此船主曰客行惜日調風難遇不可停也行二百餘里忽風轉吹船還向島下衆人方悟其神咸師事之聽其進止後遇便風同侶皆發賢曰不可動船主乃止既而有先發者一時覆敗後於闇夜之中忽令衆船俱發無肯從者賢自起收纜唯一船獨發俄爾賊至留者悉被抄害頃之至青州東萊郡聞鳩摩羅什在長安即往從之什大忻悅共論法相振發玄微多所悟益時秦主姚興專志佛法供養三千餘僧並往來宮闕盛修人事唯賢守靜不與衆同後語弟子云我昨見本鄉有五船俱發既而弟子傳告外人關中舊僧咸以為顯異惑衆僧道恒等謂曰佛尚不聽說已所得法先言五船將至虛而無實又門徒誑惑互起同異既於律有違理不同止宜可時去勿得停留賢曰我身若流萍去留甚易但恨懷抱未伸以為慨然耳於是與弟子慧觀等四十餘人俱發神志從容初無異色識真之衆咸共歎惜道俗送者千有餘人姚興聞去悵快乃謂道恒曰佛賢沙門挾道來遊欲宣遺教緘言未吐良用深慨豈可以一言之咎令萬夫無導因勑令追之賢謂使曰誠知恩旨無預聞命於是率侶宵征南指廬岳沙門

釋慧遠久服風名聞至欣喜傾蓋若舊遠以賢之被擯過由門人若懸記五舶止說在同意亦於律無犯乃遣弟子曇邕致書姚主及關中衆僧解其擯事遠乃請出禪数諸經賢志在遊化居無求安住山歲許復西適江陵遇外國舶主既而訊訪果是天竺五舶先所見者也傾境士庶競來禮事其有奉施悉皆不受持鉢分衛不問豪賤時陳郡袁豹為宋武帝太尉長史宋武南討劉毅豹隨府届于江陵賢將弟子慧觀詣豹乞食豹素不敬信待之甚薄未飽辭退豹曰似未足且復少留賢曰檀越施心有限故令所設已罄豹即呼左右益飯飯果盡豹大慙赧既而問慧觀曰此沙門何如人觀曰德量高遠非凡所測豹深歎異以啓太尉太尉請與相見甚崇敬之資供備至俄而太尉還都請與俱歸安止道場寺以元嘉六年卒春秋七十有一

杯渡禪師

杯渡者不知姓名常乘木杯渡水人因目之初在冀州不修細行神力卓越世莫測其由嘗於北方寄宿一家家有一金像渡竊而將去家主覺而追之見渡徐行走馬逐之不及至于孟津河浮木杯於水憑之渡河不假風棹輕疾如飛俄而及岸達于京師見時可年四十許帶索襤縷殆不蔽身言語出沒喜怒不均或嚴冰叩凍洗浴或著履上山或徒行入市唯荷一蘆圌（音傳）子更無餘物嘗從延賢寺法意道人處意以別房待之後欲往瓜步江於江側就航人告渡不肯載之復累足杯中顧眄言詠杯自然流直渡北岸向廣陵遇村舍李家八關齋先不相識乃直入齋堂而坐置蘆圌於中庭衆以其形陋無恭敬之心李見蘆圌當道欲移置墻邊數人舉不能動渡食竟提之而去笑曰四天王李家于時有一豎子窺其圌中有三小兒並長數寸面目端正衣裳鮮潔於是追覓不知所在後數日乃見在西界蒙龍樹下坐李禮拜請還家百日供養渡不甚持齋飲酒噉肉至

於辛鱠與俗無異百家奉上或受不受沛國劉興伯為兖州刺史遣使要之負圖而來與伯使人舉視十餘人不勝伯自看唯見一敗衲及一木杯後還李家復得二十餘日清旦忽云欲得一袈裟中時令辦李即經營至中未成渡云暫出至暝不返合境聞有異香疑之為怪處處覓渡乃見在北巖下敷敗袈裟於地卧之而死頭前脚後皆生蓮華極鮮香一夕而萎邑共殯瘞之後數日有人從北來云見渡負蘆圖行向彭城乃共開棺鞾履存焉既至彭城遇有白衣黃欣深信佛法見渡禮拜請還家家至貧但有麥飯而已渡甘之怡然止得半年忽語欣云可覓蘆圖三十六枚吾須用之答云此間止可有十枚貧無以買恐不盡辦渡曰汝但檢覓宅中應有欣即窮檢果得三十六枚列之庭中雖有其數亦多破敗比欣次第熟視皆已新完渡密封之因語欣令開乃見錢帛皆滿可堪百許萬識者謂是杯渡分身他土所得䞋施迴以施欣欣受之皆為功德經一年許辭去欣為辦粮食明晨見粮食具存不知渡所在後東遊入吳郡路見釣魚師因就乞魚魚師施一餧者渡手弄反覆還投水游活而去又見網師更從

乞魚網師瞋罵不與渡乃拾取兩石子擲水中俄而有兩水牛鬬其網中網既碎敗不復見牛渡亦已隱行至松江乃仰蓋於水中乘而渡岸經涉會稽剡縣登天台山數月而返京師少時遊止無定請召或往不往時南州有陳家頗有衣食渡往其家甚見迎奉聞都下復有一杯渡陳父子五人咸不信往都下看之果如其家杯渡形相一種陳設一合蜜薑及刀子薰陸香手巾等渡即食蜜薑都盡餘物宛在膝前其父子五人恐是其家杯渡即留二弟停都守視餘三人還家家中杯渡如舊膝前亦有香刀子等但不噉蜜薑為異爾乃語陳云刀子鈍可為磨之二弟還都云彼渡已移靈鷲寺一日忽求黃紙兩幅作書書不成字合同其背陳問上人作何券書渡不答竟莫測其然時吳部民朱靈期使高麗還值風舶飄經九日至一洲邊洲上有山山甚高大入山採薪見有人路靈期乃將數人隨路告乞行十餘里聞磬聲香烟於是共稱佛禮拜須臾見一寺甚光麗多是七寶莊嚴又見十餘石人乃共禮拜還反行少許聞唱導聲還往更看猶是石人靈期等相謂此是聖僧吾等罪人不能得見因共竭誠懺悔更往

乃見真人為靈期等設食食味是菜而香美不同世食竟共叩頭禮拜乞速還至鄉有一僧云此間去都乃二十餘萬里但令至心不憂不速也因問靈期云識杯渡道人不答言甚識因指北壁有一壺掛錫杖及鉢云此是杯渡住處今因君以鉢與之并作書著函中別有一青竹杖語靈期云但擲此杖置舫前水中開船靜坐不假勞力必令速去於是辭別令一沙彌送至門上語云此道去行十里至船不須從先路去也如言西轉行七里許至船即具如所示唯開舫從山頂樹木上過都不見水經三日至石頭淮而住亦不復見竹杖所在舫入淮至朱雀乃見杯渡騎大航蘭以捶捶之曰馬馬何不行觀者甚多靈期等在舫遥禮之渡乃自下舫取書并鉢開書視之字無人識者渡大笑曰使我還耶取鉢擲雲中還接之曰我不見此鉢四千年矣渡多在征賢寺法意處時世以此鉢異物競往觀之有庾常婢偷物而叛四追不擒乃問杯渡云已死在金城江邊空塚中往看果如所言孔寧子時為黃門侍郎在家患痢遣信請渡渡呪竟云難差見有四鬼皆被傷截寧子泣曰昔孫恩作亂家為軍人所破二親及叔皆

被痛酷甯子果死又有齊諧妻胡毋氏病衆治不愈後請僧設齋齋坐有僧勸迎杯渡既至一呪病者即愈齊諧伏事為師因作傳記其從來神異不可備記元嘉三年九月辭諧入東留一萬錢物寄諧倩為營齋於是别去行至赤山湖患病而死諧即為營齋并接屍還塟建康覆舟山至四年有吳興邵信者甚奉法遇傷寒病無人敢看乃悲泣念观音忽見一僧來云是杯渡弟子語云莫憂家師尋來相看答云渡死已久何容得來道人云來復何難便衣帶頭出一合許散與服之病即差又有杜僧哀者住在南崗下昔經伏事杯渡兒病甚篤乃思念恨不得渡與念神呪明日忽見渡來言語如常即為呪病者便愈至五年三月渡復齊諧家呂道惠聞而視之杜天期也須臾門上有一僧喚渡便辭去云貧道向交廣之間不復來也齊諧等拜送慇勤於是絶迹頃世亦言時有見者一日見形洛水上衆皆大驚語丘熙等年當大凶可勤修福業法意道人甚有德可往就之脩立故寺以禳災禍

灵隐寺

寶公禪師

沙門寶公者嵩山高棲士也旦從林慮向白鹿山因迷失道日將隅中忽聞鐘聲尋響而進巖岫重阻登陟而趨乃見一寺獨據深林三門正南赫奕輝煥前至門所看額靈隱之寺門外五六犬其大如牛白毛黑喙或蹲或卧迴眸盼寶寶怖將返須臾見胡僧外來寶喚不應亦不迴顧直入門内犬亦隨入良久寶見人漸次入門屋宇四周房門並閉進至講堂惟見床榻高座儼然寶入西南隅床上坐久之忽聞東間有聲仰恍見開孔如井大比丘前後從孔飛下遂至五六十人依位坐訖自相借問今日齋時何處食來或言豫章成都長安隴右薊北嶺南五天竺等無處不至動即千萬餘里末後一僧從空而下諸人競問來何太遲答曰今日相州城東彼岸寺鑒禪講會各各豎義有一後生聰俊難問詞音鋒起殊為可觀不覺遂晚寶本事鑒為和尚既聞此語望得參話因整衣而起白諸僧曰鑒是寶和尚諸僧直視寶頃之已失靈隱寺所在寶但獨於柞木之下一無

所見唯覩巖谷禽鳥翔集喧亂及出山以問尚統法師尚曰此寺石趙時佛圖澄法師所造年歲久遠賢聖居之非凡所住或沉或隱遷徙無定今山行者猶聞鐘聲

三教搜神大全

智璪禪師

釋智璪俗姓張氏清河人年二十二親俱逝染疾經歲月醫藥無効夢神就璪身次第吸嗽瘡三夜稍瘥遂求離俗聞智者軌行超群為世良導即泛舸豐流直指台岫伏膺受道乃遣行法華懺悔第二七日初夜懺訖還就禪床如欲安坐乃見九頭龍從地湧出上昇虛空明旦諮白智云此是表九道衆生聞法華經將來之世破無明地入法性空爾陳至德四年住寶林寺行法華三昧初日初夜如有人來搖動户扇璪問之汝是何人夜來搖户即長聲答云我來看燈爾頻經數過問答如前其寺內先有大德慧成禪師夜具聞之謂弟子曰彼堂內從來有大惡鬼今聞此聲必是鬼來取人也天將欲曉成師扣户而喚璪未暇得應便繞堂唱云善哉善哉其人了矣璪即開户問意答云汝猶在耶吾謂昨夜鬼已害汝故此嗟耳第二日夜鬼入堂內搥壁打柱周遍東西堂內六燈璪即滅五留一行道坐禪誦經坦然無懼於三七日中事恒如此行法將訖見一青衣童子稱讚善哉言已不見以貞觀十[illegible]年卒于寺

大志禪師

僧大志會稽顧氏子發家出家師事天台智者智者見其形神灑落高放物表取名大志誦法華經索然閑靜音聲清轉聽者忘疲後於廬山甘露行頭陀行有時投身猛獸彼皆避去飡粒若盡惟以餅果繼命而已如是七載禪誦不休晚住持福林寺會大業中屏除佛教慨大法陵遲遂衣着孝衣於佛堂中慟哭三日擔捨形骸申明正教即往東都上表曰願陛下興隆三寶貧道當然一辭於嵩岳用報國恩帝許之遂設大齋士衆通集師絕粮三日登大棚中布裹其辭灌之以蠟如炬燃之光照巖岫晃然大明衆見苦行痛入心髓而志形色不變或誦經文或讚佛德或為衆說法聲聲不絕燒已下棚跏趺入定七日而卒

玄奘禪師

釋玄奘本名禕姓陳氏洛州緱氏人也奘失怙恃少罹窮酷隨兄長捷法師住静土寺授以精理旁兼巧論年十一誦維摩法華東都恒度便預其次自爾卓然梗正不偶欲慕大法後達長安住莊嚴寺又非本望西踰劒閣既達蜀都受諸經論一聞不忘武德五年二十有一為諸學府雄伯沙門講揚心論不窺文相而誦注無窮時曰神人後又徧遊荊揚等州訪諸道隣復還京輦廣就諸蕃徧學書語行坐尋授数日博通惟候機會貞觀三年會災下敕道俗隨豐四出由斯得徃西域取諸經像行至罽賓國道險虎豹不可過奘不知為計乃鎖房門而坐至夕開門見一老僧頭面瘡痍身躰膿血牀上獨坐莫知由來奘乃禮拜勤求僧口授多心經一卷令奘誦之遂得山川平易道路開通虎豹藏形魔鬼潛跡遂至佛國取經六百餘部以貞觀十九年還京師下敕令住玉華翻譯經藏奘生常已來願生彌勒及遊西域又聞無著兄弟皆生彼天又頻祈請咸有顯證後至玉

華但有隙次無不發頭麟德元年告翻譯僧及門人曰有為之法必歸磨
滅泡影形質何得久停行年六十五必卒玉華於經論有疑者今可速問
聞者驚異師曰此事自知遂往辭佛及諸僧衆既卧疾常見大蓮花鮮白
而至又見佛相命僧讀所翻經論名目已總有七十三部一千三百三十
卷自懷欣悅總召門人有緣並集云無常將及急來相見於嘉壽殿以香
木樹菩提像骨對寺僧辭訣并遺表訖便默念彌勒右脇累足右手支頭
左手髀上堅然不動氣絶神逝兩月色貌如常乃瘞於白鹿原初奘將往
西域於靈巖寺見有松一樹奘立於庭以手摩其枝曰吾西去求佛教汝
可西長吾歸即却東迴使吾弟子知之及去其枝年年西指約長數丈
一年忽東迴門人弟子曰教主歸矣乃西迎之奘果還至今衆謂此松為
摩頂松

元珪禪師

釋元珪姓李氏伊闕人大通禪要深入玄微卜廬于嶽中龐塢時有峩冠者部曲繁多稱謁師珪覩其貌偉精爽不倫謂之曰善來仁者胡為而至曰師寧識我耶珪曰吾覌佛與衆生等吾一目之豈分別識也对曰我此嶽神也吾能利害生死於人師安得一目我哉珪曰汝能生死於人吾本不生汝焉能死吾視身與空等視吾與汝等汝能壞空與汝乎苟能壞空及汝吾則不生不滅也汝尚不能如是又焉能生死吾耶嶽神稽首再拜曰我亦聰明正直於餘神豈能知師有廣大之智辯乎願受正戒令我度世助其威福珪曰神既乞戒即既戒矣所以者何戒外無戒又何戒哉神曰此理也我聞茫昧止求師戒我身為門弟子珪辭不獲即為張座焚香秉爐正几曰付汝五戒汝能奉持即應曰能不能即曰否神曰洗耳傾听虛心納教珪曰汝能不婬乎神曰亦娶也曰非謂此也謂無羅欲也神曰能曰汝能不盗乎神曰何乏我也焉有盗取哉曰非謂此也謂饗而福淫

不供而禍善也神曰能曰汝能不殺乎神曰政柄在躬焉能不殺曰非謂此也謂有濫誤混疑也神曰能曰能不妄乎曰吾本正直焉能有妄曰非此謂也謂先後不合天心也神曰能曰能不遭酒敗乎神曰力能珪曰如上即佛戒也又言以有心奉持而無心拘執以有心為物而無心想身能如是則先天地生不為精後天地死不為老終日變化而不為動寂默而不為休悟此則雖娶非妻也雖享非取也雖柄非權也雖作非故也雖醉非惛也若能無心於萬物則羅欲不為婬福淫禍善不為盜濫誤混疑不為殺先後違天不為妄惛荒顛倒不為醉是謂無心也無心則無戒無戒則無心無佛無衆生無汝及無我無我無汝孰能戒哉神曰我神通亞佛珪曰女神通十句五能五不能佛則七能三能神悚然避席啓跪頫恭曰可得聞乎曰汝能戾（音庭）上帝東天行而西七曜乎曰不能又曰汝能奪地祇融五嶽而結四海乎曰不能珪曰是為吾不能也又曰佛能空一切相成萬法智而不能即滅定業能知群有性窮億劫事而不能化導無緣佛能度無量有情而不能盡衆生如是為三不能也定業亦不牢久無緣亦

謂一期衆生界本無增減亘無一人能主有法無主是謂無法無法無主是謂無心如我解佛亦無神通也但能以無心通達一切法耳作用冥見有情前也若有心有作作用必不普周焉嶽神曰我識浅昧未聞空義願師授我戒我當奉行更何業因可拘塵界我願報慈德珪曰吾觀身無物觀無常法寧塊然更有何欲神曰師必命我爲世間事展我少小神功使已發心初發心未發心不信心必信心五等人目我神蹤知有佛有神有能有不能有自然有非自然者珪曰無爲是無爲是神曰佛亦使神護法師寧隳叛佛耶隨意垂誨珪不得已而言曰東巖寺之障也莽然無樹北岫有之而背非屏擁汝能移此樹於東嶺乎神曰已聞命矣又曰我必昏夜風雨擺摇震運願師無駭即作禮辭去珪門送而觀之見儀衛如王者之行仗其夕果有暴風吼雷奔雲震電隆棟壯宇岌礏將圮定僧膽動宿鳥聲狂亙相敲磕墕蓋物不安所乃謂衆僧曰無怖無怖神與我契矣詰旦和霽則北巖松栝盡移東嶺森然行植焉珪謂其徒曰吾歿後無令外知若爲口實人將妖我也以開元四年卒

通玄禪師

通玄姓李氏太原東北人也舉動之間不可量度身長七尺餘形貌紫色眉長過目髭鬢如畫髮紺而螺懸放曠自得靡所拘絆而該博古今洞精儒釋開元七年春自定襄而至盂縣之高家造論演暢華嚴不出户庭幾于三載每日食棗十顆栢葉餅一枚餘無所須嘗賫其論并經往韓氏莊中路遇一虎玄撫其背以所負經論搭載去土龕中虎弭耳前行又造論之時室無脂燭每夜秉翰於口兩角出白色光長尺餘炳然二女子韶顏都雅每日饋食一奩于龕前玄食已徹器而去凡經五載至於紙墨供送無虧論成泯然不現所造論四十卷總括八十卷經之文義次決疑論四卷一日鄉人聚飲之次玄來謂之曰汝等好住吾今去矣鄉人驚怪謂為他適乃曰吾終矣皆悲泣戀慕送至土龕曰去住常也鄉人下坡迴頭其處雲霧昏暗至于時儼然坐亡龕中白色光從頂出上徹太虛即開元十八年三月二十八日也報齡九十六逹旦數人登山見其龕室內蛇虺填

滿莫得而前相與啟告蛇虺交散少長追感結輿迎于太山之北甕石爲
墳而瘞之

一行禪師

釋一行俗姓張氏鉅鹿人也本名遂早歲不群聰黠明利讀書不再已暗誦矣師事普寂禪師時有盧鴻者持其文至寺一行一覽之即無遺忘鴻驚謂寂曰非君所能教也當縱其遊學一行因窮大衍自此求訪不下数千里嘗至天台國清寺見門前有流水一行立於門屏間聞院中僧於庭布筭其聲蔌蔌既而謂其徒曰今日當有弟子求吾筭法已合到門豈無人道達耶即除一筭又謂曰門前水合却西流弟子當至一行承言而入稽首請法盡授其術而門水復東流矣自此聲振遐邇玄宗聞之召令入内謂曰卿何能對曰善記覽玄宗因召掖庭取宮人籍以示之周覽既畢覆其本記念已熟如素所習讀数幅之後玄宗不覺降榻為之作禮呼為聖人嗟嘆良久尋乃詔對無恒占其灾福若指于掌言多補益玄宗開元九年太史上言麟德曆寢踈日食屢不效帝詔可禪師更造新曆奉詔推数立術以應之撰開元太衍曆一行於癸亥十月制黃道儀成帝自為之

銘詔安武成殿以示百官其儀準員天之象具列宿赤道度数注水注水激輪令其自轉一晝夜而天運一周外絡二輪綴以日月令得運行每天東行一周日西行一度月行十三度以木櫃為平地令儀半在地下晦明朔望有準立木二於地平其一前置鼓以候刻至一刻則自擊之其一前置鐘以候辰至一辰則自撞之皆略施輪軸交錯相持称為神功那和璞謂太史令尹愔曰一行禪師其聖人乎漢之洛下閎造大衍曆記云後八百歲當差一日則有聖人以糾正之今年期差滿而一行師造大衍曆以糾数家之謬則洛下閎之言不誣矣愔深以為然一行又嘗詣道士尹崇借楊雄太玄經数日復詣崇还其書崇曰此書意旨深遠吾尋之積年尚不能曉吾子試更研求何遽見还也一行曰究其義因出所撰大衍玄圖及義訣一卷以示崇〻大嗟伏謂人曰此後生顔子也初一行幼時家貧隣有王姥前後済之約数十萬一行嘗思報之至開元中一行承玄宗敬遇言無不可未㦲會王姥兒犯殺人獄未具姥詣一行求救一行曰姥要金帛當十倍醻也君上執法难以情求如何王姥戟手大罵曰何用識此

僧一行從而謝之終不顧一行心計渾天寺中工役數百乃命空其室内徙一大甕於中密選常住奴二人授以布囊謂曰某方其角有廢園汝往潛伺從午至昏當有物入來其數七者可盡掩之失一則杖汝如言而往至酉後果有群豕至悉獲而歸一行大喜令寘甕中覆以木蓋封以六一泥朱題梵字數十其徒莫測詰朝中使扣門急召至便殿玄宗迎問曰太史奏昨夜北斗不見是何祥也師有以禳之乎一行曰後魏時失熒惑若今帝星不見古所無者天將大警於陛下也夫匹夫匹婦不得其所則隕霜赤旱盛德所感乃能退舍感之切者其在瘞枯出繫乎釋門以瞋心壞一切善慈心降一切魔如臣曲見莫若大赦天下玄宗從之命中使持節大赦天下於是王姥兒亦在赦中然終不知一行之力也一行亦不自以為功而言之至其夕太史奏北斗一星見凡七日而復帝嘗問國祚幾何有留難否行曰鑾輿有萬里之行社稷終吉帝驚問其故不答退以小金合進之曰至萬里即開帝一日發合視之盖當歸少許及禄山亂駕幸成都至萬里橋忽悟未幾果歸昭宗初封吉王唐至昭宗而滅故終吉至開

元末裴寬為河南尹寬深信佛法師事普寂禪師日夕造焉或一日寬詣寂寂云方有少事未暇欵語且請遅迴休息寬乃屏賔從止於空室見寂潔滌正堂焚香端坐坐未久忽聞扣門連聲云天師一行和尚至矣一行入詣寂作禮禮訖附耳密語其貌絕恭寂但頷云無不可者語訖復禮禮訖又語如是者三寂唯云是是無不可者一行語訖降階入南堂自闔其戶寂乃徐命弟子云速聲鐘一行和尚㓕度矣左右疾走視之一如其言㓕度後寬服縗絰葬之日徒步出城送之春秋四十五帝哭之哀甚輟朝三日停龕三七日行容貌如生帝親製碑書于石出内庫錢五十萬建塔銅人原謚曰大慧禪師

無畏禪師

釋無畏三藏本天竺人讓國出家道德名稱為天竺之冠所至講法必有異相初自天竺至所司引謁於玄宗玄宗見而敬信焉因謂三藏曰師不遠而來故倦矣欲於何方休息耶三藏進曰臣在天竺時嘗聞大唐西明寺宣律師持律第一願往依止焉玄宗可之宣律禁戒堅苦焚修精潔三藏飲酒食肉言行麤易往往乘醉喧競穢汚茵席宣律頗不能甘之忽中夜宣律捫虱將投于地三藏半醉連聲呼曰律師律師撲死佛子耶宣律方知其為異人也整衣作禮而師事焉在洛時有巨蛇高丈餘長且百尺其狀甚異蟠遶出於山下洛民咸見之畏語曰此蛇欲決水瀦洛城即説佛書義其蛇至夕則駕風露來若傾聽狀畏責之曰爾蛇也當居深山中用安其所何為將欲肆毒於世耶速去無患生人其蛇聞之若有慙色遂俯于地頃而死焉其後安祿山據洛陽盡毀宗廟果符其言開元十年七月旱帝遣使詔無畏請雨畏持滿鉢水以小刀攪之誦咒數番即有物如

虯龍從鉢中矯首水面畏咒遣之白氣自鉢騰涌語詔使曰速歸雨即至矣詔使馳出頃刻風雷震電詔使趨入奏御衣襟已透濕霖雨彌日而息又嘗淫雨逾時詔畏止之畏揑泥媪五軀向之作咒語叱罵者即刻而霽嘗過龍河以一橐駝負經没水畏懼經失遽隨之入水於是龍王邀之入宮講法爲留三宿而出所載梵夾不濕一字其神異多類此德輝按原本缺失此半葉據明釋藏城字號永樂御製神僧傳補

三教搜神大全

金剛智禪師

釋跋日羅善提華言金剛智南印度摩賴耶國人也生數歲日誦萬言目覽心傳終身不忘年十六開悟佛理乃削染出家從師歷遊諸國至開元中達于廣府後隨駕洛陽其年自正月不雨迨于五月嶽瀆靈祠禱之無應乃詔智結壇祈請於是用不空鉤依菩薩法在所住處起壇深四肘躬繪七俱胝菩薩像立期以開光明日定隨雨焉帝使一行禪師謹密候之至第七日炎氣爞爞徒冬切天無浮翳午後方開眉眼即時西北風生飛瓦拔樹崩雲泄雨遠近驚駭而結壇之地穿穴其屋洪注道場質明京師士庶皆云智獲一龍穿屋飛去求觀其處日千萬人初帝之第二十五公主甚鍾其愛久疾不救移卧於咸宜外館閉目不語已經旬朔有敕令智授之戒法智使牛仙童寫敕一紙焚於琰摩王食頃琰王令公主亡保母劉氏護送公主魂歸於是公主起坐開目言語如常帝聞之不俟駕馳往外館公主曰冥數難移今王遣回略覲聖顏而已可半日間然後長逝自爾

帝方加歸仰焉武貴妃寵異六宮葬施寶玩智勸貴妃急造金剛壽命菩薩又勸河東郡王於毘盧遮那塔中繪像謂門人曰此二人者壽命非久矣經數月皆如其言至二十年壬申八月命門人曰白月圓時吾當去矣遂禮毘盧遮那佛旋遶七帀寂然而化

鑑源禪師

釋鑑源不知何許人素行甄明後講華嚴經號為勝集日供千人粥食其倉篳中米粟纔數百斛取之不竭沿夏涉秋未嘗告匱寔感如此後多徵應有慧觀禪師見三百餘僧持蓮燈凌空而去歷歷如流星焉開元中崔冀公寧疑其妖妄躬自入山宿預禁山四方面各三十里火光至第三夜有百餘支燈現兼紅光可千餘尺冀公蹶然作禮歎未曾有時松間出金色手長七尺許有二菩薩黃白金色閃爍然復庭前栢樹上晝現一燈其明如日橫布玻瓈山可三里所寶珠一顆圓一丈熠爚可愛西嶺山門懸大虹橋橋上梵僧老叟童子間出有二炬爛然空中如相迎送交過之狀下有四菩薩兩兩偶立放通身光可高六七十尺復見大松林後忽有寺額篆書三學字又燈下垂繡帶二條東林之間夜出金山月當子午金銀二色燈列於知鉉師墳側常南康阜每三月就寺設三百菩薩大齋菩薩現相焉

嬾殘禪師

嬾殘者唐天寶初衡嶽寺執役僧也退食即收所餘而食性嬾而食殘故號嬾殘也晝專一寺之工夜止群牛之下曾無倦色已二十年矣時鄴侯李泌寺中讀書察嬾殘所為曰非凡物也聽其中宵梵唱響徹山林李公情頗知音能辨休戚謂嬾殘經音先悽惋而後喜悅必謫墮之人時將去矣候中夜李公潛往謁焉望席門通名而拜嬾殘大詬仰空而唾曰是將賊我李公愈加謹敬唯拜而已嬾殘正撥牛糞火出芋啗之良久乃曰可以席地取所啗芋之半以授焉李公捧承盡食而謝謂李公曰慎勿多言領取十年宰相公又拜而退居一月刺史祭嶽脩道甚嚴忽中夜風雷而一峰頹下其緣山磴道為大石所攔乃以十牛縻絆以挽之又以數百人鼓噪以推之物力竭而石愈固更無他途可以脩事嬾殘曰不假人力我試去之衆皆大笑以為狂人嬾殘曰何必見嗤試可乃已寺僧笑而許之遂履石而動忽轉盤而下聲若震雷山路既開寺僧皆羅拜一郡皆呼至

聖刺史奉之如神嬾殘悄然乃懷去意寺外虎豹忽爾成群日有殺傷無由禁止嬾殘授我箠為爾盡驅除之衆皆曰大石猶可推虎豹當易制遂與之荊挺皆躡而觀之纔出門見一虎啣之而去嬾殘既去虎亦絕蹤後李公果十年為相也

西域僧禪師

釋天竺亡名僧者未詳何印度人也其貌惡陋纏乾陀色縵條衣穿葦屣曳鐵錫化行于京輦當韋皐之生也纔三日其家召僧齋此僧不召自來韋氏家僮咸怒之以弊席坐于庭中既食韋氏命乳母出嬰兒請群僧視其壽胡僧忽自升階謂嬰兒曰別久無恙乎嬰兒若有喜色衆皆異之韋氏先君曰此子生纔三日吾師何故言別久耶胡僧曰此非檀越之所知也韋氏固問之胡僧曰此子乃諸葛武侯之後身耳武侯當東漢之季為蜀丞相蜀人受其賜且久今降於世將為蜀門帥宜蜀人之福吾往歲在劍門與此子友善今聞降生韋氏吾故不遠而來韋氏異其言因以武侯字之後韋皐自少金吾節制劍南軍累遷太尉兼中書令在蜀閱十八年果契胡僧之語也

本淨禪師

釋本淨未詳何許人道氣高抗聞閩嶺多禪宗識歷往參之又聞長溪霍童山多神仙洞府然山中不容凡俗淨乃入山結茅為室室側有毒龍石穴其龍夭矯而出變現無恒遂呼召之而馴擾焉又諸猛虎橫路為害樵者不敢深入淨撫其頭誡約叮嚀虎弭耳而去嘗清宵有九人冠幘褒褶稱寄宿盡納諸菴內明旦告辭偕化爲鶴鳴唳空中而去淨後罔知其終

地藏王菩薩

職掌幽冥教主十地閻君率朝賀成禮相傳王舍城傅羅卜法名目犍連嘗師事如來救母於餓鬼群叢作盂蘭勝會歿而為地藏王以七月三十日為所生之辰士人禮拜或曰今青陽之九華山地藏是也按傳新羅國僧唐時渡海居九華山年九十九忽召徒衆告别但聞山鳴石隕伽跏趺坐於函中泊三稔開將入塔顏貌如生舁之動骨節若金鎖焉故曰金地藏以是知傳者之誤

三教搜神大全
山廟

嵩岳伏僧禪師

嵩岳破竈墮和尚隱居嵩山山有廟甚靈惟安一竈祭無虛日師入廟以杖擊竈云此泥瓦合成聖從何來靈從何起又擊三下竈乃傾破墮落須臾一青衣人設拜師前曰我本此竈神久受業報蒙師說無生法得脫此生特來禮謝再拜而去少頃徒衆問師竈神得何經旨便得生天師曰我只向伊道是泥瓦合成別無道理爲伊衆無語師良久云會麼衆云不會師曰本有之性爲什麼不會衆僧乃禮拜師曰破也墮也於是其衆大悟玄旨

知玄禪師

悟達國師知玄與一僧避逅京師時僧患迦摩羅疾人莫知其異也皆厭惡之知玄視候無倦色後别僧謂知玄曰子後有難可往西蜀彭州茶隴山相尋有二松為誌後玄居安國寺懿宗親臨法席賜沉香為座恩渥甚厚忽膝生人面瘡眉目口齒俱備每以飲食餧之則開口吞啖與人無異求醫莫效因憶舊言乃入山相尋見二松於烟雲間信所約不誣即趍其處佛寺煥儼僧立于山隂顧接甚歡天晚止宿知玄以所苦告之曰無傷也山有泉且濯之即愈黎明童子引至泉所方掬水間瘡忽人語曰未可洗公曾讀西漢書不曰曾讀既曾讀之寧不知袁盎殺晁錯乎公即袁盎吾晁錯也錯腰斬東市其寃何如哉累世求報於公而公十世為僧戒律精嚴報不得其便今汝受賜過奢名利心起故能害之蒙迦諾迦尊者洗我以三昧法水自此不復為寃矣時知玄寃不住體急掬水洗之其痛徹髓絕而復蘇其瘡亦旋愈回顧寺宇莽不復見因卓菴其處遂成大寺知

玄感其異思積世之寃非遇聖賢何由得釋因述懺法三卷蓋取三昧水洗寃業之義名曰水懺

青衣神

青衣神即蠶叢氏也按傳蠶叢氏初為蜀侯後称蜀王嘗服青衣巡行郊野教民蠶事鄉人感其德因為立祠祀之祠庙遍於西土罔不靈驗俗槩呼之曰青衣神青神縣亦以此得名云宋謝枋得蠶有詩云

詩曰

養口資身頼以桑　終成王道澤流長
吐絲不羨蜘蛛巧　飼葉頻催織女忙
三起三眠时化運　一生一死命天常
待看献繭盆繅后　先與君王作衮裳

九鯉湖仙

九鯉仙乃是福建興化府仙遊縣何通判妻林氏生有九子皆瞽目止有大公子一目不瞽其父一日見之大怒欲害之其母知覓速命人引九子逃至仙遊縣東北山中修煉名曰九仙山又居湖側煉丹丹成各乘赤鯉而去故湖名九鯉廟在湖上最靈驗每大比歲各郡中士子祈夢于此信若著蔡

本朝黃孟良感其事賦詩一律以紀之云

詩曰

人已登仙鯉化龍　伊誰湖上搆仙宮
石遺丹竈潺湲裏　雲鎖瓊樓縹渺中
青鳥去來猶夜月　碧桃開落自春風
此行不為邯鄲夢　擬向邳橋遇石公

雷令

張天師

天師者漢張道陵也子房八世孫光武建武間生於吳天目山斈長生法術隱北印山章帝和帝累召不起久之徧遊名山東抵興安雲錦溪升高而望曰是有異境緣衍流而上云錦洞有岩焉煉丹其中三年青龍白虎旋遶於上丹成餌之時年六十容貌益少又得秘書通神變化驅除妖鬼後於蜀之雲臺峯升天所遺経録符章并印劍以授子孫其四代曰盛復居此山歷代重之今其子孫世襲真人居於江西廣信府貴溪縣之龍虎山

三教搜神大全

王侍宸

侍宸姓王名文卿宋時臨川人侍宸其官也生有骨相有道者嘼之長而遊四方履歷哉遍宇宙甞遇異人授以道法能召風雷宋徽宗号為金門羽客凝神殿侍宸冠當時賜賚一無所受時揚州大旱詔求雨侍宸為伏劒噀水曰借黄河水三尺后数日揚州奏湧雨水皆黄濁屢見顯異大元時始建祠今祠在建昌之府城内是也靈應益著執牲帛而乞靈者絡繹於道也

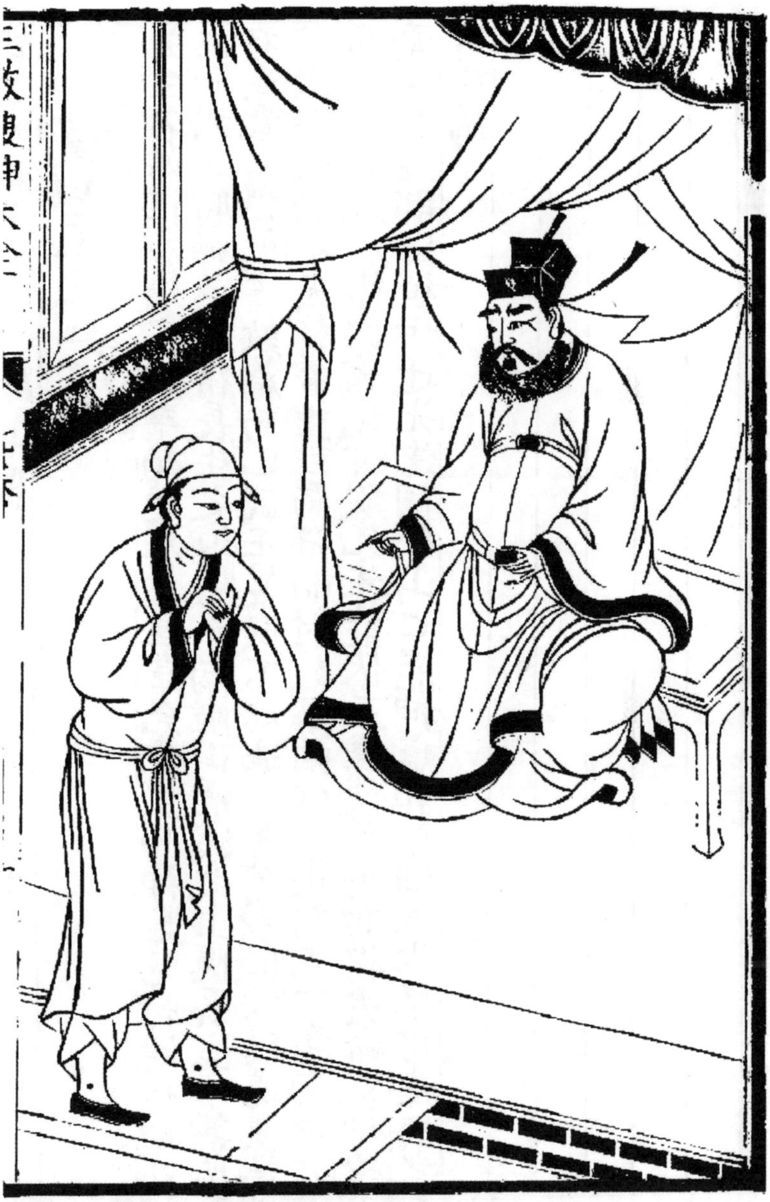

盧山匡阜先生

先生者姓匡名續字君平南楚人号匡阜先生生而神靈兒时便有物外志周武王時師老聃得長生之道結茅南障山虎溪之上隱焉室中無所有為置一榻簡書数篇而巳武王屡徵不起遇少年傳以仙訣得道漢武帝南巡狩登祀天柱嘗望秩焉継而射蛟潯阳江中復封先生為南極大明公道高龍虎伏德重鬼神欽先生能伏五瘟使者為部將更命立祠於虎溪旧隱郡守桓伊迁先生祠於山口能押瘟部之神凡水旱疠疫祷之皆應焉

黃仙師

仙師姓黃行七福建汀州上杭人也業巫術能鞭撻鬼魔驅逐妖怪師廟在上杭縣治之西南舊在鍾寮場石峽中後遷於此相傳昔有山精石妖爲害巫者黃七公以符法治之因隱身入於其石不出石壁隱映有人影望之儼若仙師像昔人有詩云

詩曰

非是神刹非鬼劃　解生烟霧解生雲
仙師一入山頭石　草木蒙茸度幾春

北極驅邪院

左判官者唐顏真卿德宗命真卿問罪李希烈親族餞于長樂坡公醉跳躑前楹曰吾早遇道士云陶八八授以刀圭碧霞丹至今不衰又曰七十有厄即吉他日待我于羅浮山得非今日之厄乎公至大梁希烈命縊殺之瘞于城南希烈敗家人啓柩見貌狀如生徧身金色爪甲出手背鬚長数尺歸瘞偃師北山后有商人至羅浮山有二道士奕棋樹下一曰何人至此荅曰小客洛陽人道士笑曰願寄一書達吾家遣童子取紙筆作書客還至北山顏家子孫得書驚曰先太師親筆發塚開棺已空矣后白玉蟾云顏真卿為北極驅邪左判官

三教搜神大全

那吒太子

那吒本是玉皇駕下大羅仙身長六丈首帶金輪三頭九眼八臂口吐青雲足踏盤石手持法律大𠰌一聲雲降雨從乾坤爍動因世間多魔王玉帝命降凡以故托胎于托塔天王李靖母素知夫人生下長子軍吒次木吒師三胎那吒生五日化身浴於東海脚踏水晶殿翻身直上寶塔宫龍王以踏殿故怒而索戰師時七日即能戰殺九龍老龍無柰何而哀帝帥知之截戰于天門之下而龍死焉不意時上帝壇手搭如來弓箭射死石記娘々之子而石記興兵帥取父壇降魔杵西戰而戮之父以石記為諸魔之領袖怒其殺之以惹諸魔之兵也帥遂割肉刻骨還父而抱真靈求全于世尊之側世尊亦以其能降魔故遂折荷菱為骨藕為肉系為脛葉為衣而生之授以法輪密旨親受木長子三字遂能大能小透河入海移星轉斗嚇一聲天頽地塌呵一氣金光罩世鍗一响龍順虎從鎗一撥乾旋坤轉綉毬丢起山崩海裂故諸魔若牛魔王獅子魔王大象魔王馬頭

魔王吞世界魔王鬼子母魔王九頭魔王多利魔王番天魔王五百夜叉七十二火鴉盡為所降以至於擊赤猴降孽龍蓋魔有盡而帥之靈通廣大變化無窮故靈山會上以為通天太師威靈顯赫大將軍玉帝即封為三十六員第一總領使天帥之領袖永鎮天門也

三教搜神大全

五雷神

雷神廟在廣東雷州府之西南八里昔鄉人嘗将麻布造雷鼓雷車置廟中有以魚彘肉同食者立為霹靂舊記云陳天建初州民陳氏者因獵獲一卵圍及尺餘攜歸家忽一日霹靂而開生一子有文在手曰雷州后養成名文玉鄉俗呼為雷種后為本州刺史歿而有靈鄉人廟祀之陰雨則有電光吼聲自廟而出宋元累封王爵廟號顯震德祐中更名威化國史補雷州春夏多雷秋日則伏地中其狀如彘人取而食之又雅州瓦屋山有雷洞投以瓦石應手雷震也

風

電母神

相傳東王公與玉女投壺梟而脫誤不接者天為之笑開口流光今之閃電是也

風伯神

飛廉是也應劭曰飛廉神禽能致風氣身似鹿頭似爵有角尾似蛇大如豹風伯之神也

雨師神

商羊是也商羊神鳥一足能大能小吸則溟渤可枯雨師之神也

海神

即海若是也相傳秦始皇造石橋欲渡海觀日海神為驅石始皇求神相見神曰莫圖我形始皇從之及見左右巧者描畫神形神怒曰帝負約可速去今庙在文登縣

潮神

即子胥人見其素車白馬乘潮而出

水神

謂禹强河伯

波神

謂川后

洋子江三水府

五代史楊氏㩲江封馬當為

上水府廟在山之陽

采石為

中水府廟在采石山下封王宋加顯靈順聖忠佐平江王

金山為

下水府廟在金山寺内三廟

本朝俱称水府之神水面江心一呼即应舟人過者必具牲帛以祷今有司歲時致祭

三教搜神大全
卷
十九

蕭公爺爺

公姓蕭諱伯軒龍眉蛟髮美鬚髯面如童少年為人剛正自持言笑不茍善匕惡匕里閈咸為之質平歿於宋咸淳間遂為神附童子先事言禍福中若發机鄉民相率為立廟江西臨江府新淦縣之太洋洲保舡救民有禱必應福澤十方

大元時以其子蕭祥叔死而有靈合祀于廟

皇明洪武初嘗遣官諭祭永樂十七年其孫天任卒屢著靈異亦祀于此

詔封為水府靈通廣濟顯應英佑侯大著威靈于九江八河五湖四海之上

風

晏公爺爺

公姓晏名戍仔江西臨江府清江鎮人也濃眉虬鬚面如黑漆平生疾惡如探湯人少有不善必曰晏公得無知乎其為人敬憚如此

大元初以人材應選入官為文錦局堂長因病歸登舟即奄然而逝從人歛具一如礼未抵家里人先見其揚騶導於曠野之間衣冠如故咸重称之月餘以死至且駭且愕語見之日則即其死之日也啓棺視之一無所有蓋尸解云父老知其為神立廟祀之有靈顯于江河湖海凡遇風波洶涛商賈叩投即見水途安妥舟航穩載繩纜堅牢風恬浪静所謀順遂也

皇明洪武初詔封顯應平浪侯

開路神君

開路神君乃是周禮之方相氏是也相傳軒轅皇帝周遊九垓元妃螺祖死於道令次妃好如監護因買相以防夜盖其始也俗名險道神一名阡陌將軍一名開路神君其神身長丈餘頭廣三尺鬚長三尺五寸鬚赤面藍頭載束髮金冠身穿紅戰袍脚穿皂皮靴左手執玉印右手執方天畫戟出柩以先行之能押諸凶煞惡鬼藏形行柩之吉神也晋傳之於後世矣

法術呼律令 令平声

雷部有神名曰健兒善走與雷相疾速故符呪云急急如律令勅晋傳後世道釋巫流召帥將風雷城隍社可画符出筆皆以用之

門神二將軍

門神乃是唐朝秦叔保胡敬德二將軍也按傳唐太宗不豫寢門外拋磚弄瓦鬼魅號呼三十六宮七十二院夜無寧靜太宗懼之以告群臣秦叔保出班奏曰臣平生殺人如剖瓜積屍如聚蟻何懼魍魎乎願同胡敬德戎裝立門以伺太宗可其奏夜果無警太宗嘉之謂二人守夜無眠太宗命畫工圖二人之形像全裝手執玉斧腰帶鞭鍊弓箭怒髮一如平時懸于宮掖之左右門邪祟以息後世沿襲遂永為門神西遊記小詞有本是英雄豪傑舊勳臣只落得千年稱戶尉萬古作門神之句傳於後世也

天王

按釋氏源流有毘噩勒義天王有毘噩慱義天王有提頭賴吒天王有毘沙門天王昔唐太宗從高祖起義兵有神降於前自称毘沙門天王頭同乃定乱其手将有猪首象鼻者故所向成功及即位詔天下公府皆祀之天聖初詔諸郡置祠仍建佛寺俱以天王為額此天王之所由普建也

藏板三教源流搜神大全卷終

後序

三教源流搜神大全刻成適閩伯太守以薦舉入都道過長沙余以初印樣本相贈太守為勘正其譌誤多處余一一從而校改太守謂元板畫像搜神廣記前後集昔在京師廠肆所見者卽毛氏汲古閣舊藏卷首有毛氏印記諸神圖像釋氏無此之多此本所增大都取之梁宋兩高僧傳又謂余序文不足為典要之語於義未安太守喜言佛理又通內典意謂諸僧事蹟來歷分明不可一概末殺耳余按此書明人以元板畫像搜神廣記增益繙刻卽可以書中皇明年號證之而諸僧記載悉本永樂御製神僧傳一書文句都無所改竄余謂其不足為典要者以其出於雜家說部違於聖人不語之訓而已嘗考諸神始末有流傳極古而終屬無稽者如東華帝君西靈王母卽東王公西王母見集仙錄宋李昉太平廣記五十六引王母事又見山海經穆天子傳列子諸書玄天上帝卽玄武神見唐段成式酉陽雜俎梓潼帝君卽張惡子見崔鴻十六國春秋後秦錄唐時有廟見李商隱詩集集有題張惡子廟詩孫樵文集集有祭梓潼神君文三元大帝卽三官見梁陶宏景真誥唐周昉畫三官像

見宋徽宗宣和畫譜東嶽主人壽命見後漢書烏桓傳方術許曼傳泰山神有子見魏書段承根傳有女卽嫁爲東海婦者見晉張華博物志宋封其子爲炳靈公立廟建康府城北見宋張敦頤六朝事迹十二廟字門佑聖真君茅盈卽大茅君見尚書帝驗期宋李昉太平御覽六百六十一引六朝事迹十神仙門五嶽神姓名見東方朔神異經五聖卽五通見梁陶宏景雲笈七籤云正月初九日五通仙生唐柳宗元龍城錄或云宋王銍撰託宗元名婺源有廟宋大觀三年賜額宣和五年加封通貺通祐通澤通惠通濟侯乾道淳熙累封加八字見宋王象之輿地紀勝二十徽州仙釋注又引加封告命云江東之地父老相傳謂兄弟之五人振光靈于千禩臨安有廟見宋潛說友咸淳臨安志七十三許真君斬蛟見唐張鷟朝野僉載太平廣記二百二十一引其二龍御舟事見許旌陽傳輿地紀勝二十五南康軍仙釋引三茅真君卽茅盈及其弟固弟衷見集仙錄太平廣記三十一引茅君內傳太平御覽四十一引崔府君爲唐滏陽令宋淳化中民于京城北立廟見宋高承事物紀原府君名瑗字子玉宋李心傳朝野雜記謂卽東漢之崔子玉王象之輿地紀勝行在所顯應觀注宋樓鑰攻媿集顯應觀碑記辨其爲唐人磁州廟尤靈顯世傳宋高宗乘廟中泥馬渡江見宋人撰宣和遺事其賷牒拘虎事見金元好問遺山集崔

府君廟碑記吳客三真君姓唐葛周宋臨安有祠乾道九年曹善建見咸淳臨安志祠山張大帝渤見四明圖經高同所作張王廟記及王之行狀輿地紀勝二十四廣德軍仙釋引其封真君并祖父以下兄弟子孫子婦加封在宋寶祐間見咸淳臨安志常州武烈帝陳果仁見唐天寶僧德宣撰司徒陳公捨宅造寺碑全唐文九百十五六朝事迹十一廟宇門果仁作杲仁蔣莊武帝子文見晉干寶搜神記蠶女亦見搜神記杭州蔣相公兄弟廣福廟見宋吳自牧夢粱錄神荼鬱壘見漢應劭風俗通王充論衡鍾馗見唐人題吳道子畫鍾馗記宋沈括筆談補引五瘟使者即五瘟之神見宋陳靚歲時廣記司命竈神姓名子女見酉陽雜俎福神楊成一作陽城為道州刺史有惠政見晏公類要輿地紀勝五十八道州官吏引紫姑神為李景妾何麗卿見顯異錄明陳耀文天中記四引五方之神見六韜及太公金匱太平廣記二百九十一太平御覽八百八十二引觀音菩薩為女身見北齊書徐之才傳世傳其父為妙莊王生女三妙清妙音妙善菩薩即妙善見元趙魏公管夫人所書觀世音菩薩傳略元大德丙午刊天妃宋臨安有廟事載丁伯桂廟記見咸淳臨安志七十三斬鬼張真君為唐張巡巡殉安祿山之難因本

傳有死爲厲鬼以殺賊之語故民間祀以逐厲見元謝應芳辨惑編九鯉湖仙爲何氏九兄弟見輿地紀勝一百三十五興化軍仙釋引北極驅邪院左判官爲唐顏真卿本殉李希烈之難而世傳其尸解仙去見唐人明皇十七事錦繡萬花谷前集三十引五代秦再思紀異輿地紀勝九十九惠州仙釋引黃仙師治山精石妖見輿地紀勝一百三十二汀洲古迹引洋子江三水府僞唐保大中封宋大中祥符加封見元馬端臨文獻通考淫祠雜祠開路神君爲周禮之方相氏見宋真宗御製軒轅本紀以上所舉或史傳不知其人或有其人而無其事大都供文人之藻翰資揮麈之談鋒前人附會而言之後人因緣而述之虞初九百列小說一家斯固并九流而不廢者也至神僧來自異域羽客多出宣和事隔中原人多詐僞過而存之存而不論是則余刻是書之旨也歟宣統元年己酉歲立夏後五日德輝撰

ISBN 978-7-5010-7368-9
9 787501 073689 >
定價：130.00圓